波斯戰爭 × 十字軍東征 × 但丁《神曲》× 拜占庭帝國文明
× 歐洲大學教育起源……奠基近代歷史的中世紀！

SHIELD A

盾與書卷

創造與征服的時代——
歐亞中世紀史

陳深名，林之滿，蕭楓 編著

中古世紀有什麼推動時代的偉大成就？
從宗教戰爭到王朝政治、知識文化復興到農業革命……

匠人的錘鍊 × 學者的靜思 × 城邦的興衰 × 榮耀與戰歌

中世紀不是黑暗時代，而是為了現代文明揭開序幕的曙光！

目錄

目 錄

阿拉伯帝國的形成與擴張

穆罕默德死後，他的親信為了爭奪繼承權，展開了激烈的鬥爭。最後選出了他的岳父阿布‧巴克爾為哈里發（西元 632～634 年）。阿布‧巴克爾首先鎮壓了國內各部落的叛亂，統一了半島，然後開始對外擴張。到第二任哈里發歐瑪爾統治時期（西元 634～644 年），在「聖戰」的旗幟下，趁拜占庭、伊朗和中西亞各國內部危機深重、國力削弱之際，發動了一系列侵略戰爭。阿拉伯貴族和一般部落成員為了獲得土地和戰利品，紛紛應召出征。西元 636 年遠征敘利亞，在約旦河支流雅爾穆克河畔打敗了拜占庭的軍隊，攻陷大馬士革、安條克、阿勒坡等重要城市，占領了整個敘利亞。638 年，進攻耶路撒冷，不久占有全部巴勒斯坦。然後轉向東方，進攻伊朗。637 年，占領伊朗首都泰西封。642 年，滅掉伊朗薩珊王朝。同時，又派兵攻陷埃及。645 年，又占領了昔蘭尼加和利比亞。

阿拉伯騎兵在歐瑪爾統治時期，還沒有形成完備的國家制度，阿拉伯貴族和牧民之間的差別不太顯著。按照《古蘭經》的規定，每個戰士都可分得一份戰利品。到第三任哈里發奧斯曼統治時（西元 644～656 年），阿拉伯國家政權便具有明顯的貴族專政特質。國家行政和軍隊的高階職位，都由奧斯曼的親

信和奧瑪亞家族擔任。奧瑪亞家族在敘利亞、埃及等地占有大量土地，並竭力擴張自己的勢力。哈里發奧斯曼開始因哈里發的繼承問題，引起伊斯蘭教的教派鬥爭，這實質上是統治階級內部爭權奪利的鬥爭。奧斯曼任用自己的親信和奧瑪亞家族的人擔任各地的行政長官，並分配給他們大量地產和奴隸，卻常常不發放糧餉給阿拉伯普通戰士，引起眾多阿拉伯人的強烈不滿。阿里利用人民的不滿來反對奧斯曼的專橫。西元 656 年，奧斯曼在麥地那被暗殺，阿里當選為第四任哈里發（西元 656 ～ 661 年）。奧瑪亞家族的人不甘心喪失政權，以敘利亞總督穆阿維亞為首，與阿里展開鬥爭，宣稱阿里涉及謀殺奧斯曼，不能擔任哈里發。支持阿里的一派稱為什葉派（「什葉」是阿拉伯語，意為「宗派」或「黨徒」。「什葉派」即阿里的黨徒，他們認為阿里和法提瑪的後代才能當哈里發。）；支持穆阿維亞的一派則稱為遜尼派（「遜尼」意為「行為」、「道路」；遜尼派全稱為「遜奈與大眾派」，意為遵守遜奈者，自稱為正統派。這一派承認哈里發都是穆罕默德的合法繼承人），雙方經過幾個月的戰爭，都未獲得決定性的勝利，準備以談判解決。另有一部分不滿意阿里的人，從什葉派中分離出去，形成哈瓦利吉（哈瓦利吉，意為「出走」）派。這一派反映下層人民的某些要求，故又稱軍事民主派。661 年，阿里被一個哈瓦利吉派分子刺死，穆阿維亞乘機即位為哈里發，建立了奧瑪亞王朝（西元 661 ～ 750 年）。首都由麥地那遷到大馬士革，從此，哈里發成為世襲，不再選舉。

印度紅堡奧瑪亞王朝統治時期，繼續向外侵略。阿拉伯軍隊幾乎同時向北、東、西三個方向出擊。在西方，曾多次進攻君士坦丁堡，並向北非和西班牙擴張。西元 698 年，征服了突尼西亞、阿爾及利亞和摩洛哥等西部地區，將領土擴張到大西洋沿岸。741 年，征服了西哥德王國，占領了庇里牛斯半島，越過庇里牛斯山，侵入高盧西南部。732 年在圖爾戰役（又稱普瓦捷戰役）中，為法蘭克王國宮相查理·馬特（Charles Martel）所敗。從此，阿拉伯人入侵西歐內陸的局勢終於被阻止。

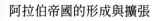

波斯戰爭

為了爭奪高加索通往黑海的出海口，參加對東方的貿易，並牢牢掌握對小亞細亞地區的統治權，西元 527 年，剛剛繼位的查士丁尼一世任命貝利撒留為拜占庭軍東方戰線統帥。

貝利撒留（約西元 505～565 年）出生於巴爾幹半島達爾馬提亞的農家。他膂力過人，性情堅韌，有膽有識，頗具大將風範。因其妻安東尼娜與皇后狄奧多拉過從甚密，使他成為查士丁尼一世的寵臣。他此時雖只有 22 歲，但已榮登帝國高階將領之列，出任東方統帥之要職。他到任後，一方面大力整飭軍紀，提高軍隊的戰鬥力；另一方面，著力於防務的加強，在尼西比斯修築要塞。

喀瓦德一世得到貝利撒留出任拜占庭軍東方統帥和他致力於軍務的消息，認為不能坐等拜占庭發展。如果任其擴大實力，將會對波斯極為不利。於是，他下定決心先發制人，在西元 528 年先向拜占庭宣戰，挑起了第一次拜占庭波斯戰爭。

第一次波斯戰爭

　　戰爭爆發後，喀瓦德一世派大將扎基西斯率領 3 萬大軍向貝利撒留指揮的拜占庭軍發動猛烈進攻，當時，貝利撒留麾下共有 2.5 萬人，是一支由拜占庭人和蠻族人混合編成的隊伍。這支隊伍雖經貝利撒留整頓，但因時日過短，仍然存在紀律鬆散、意志消沉等弱點，加上構成複雜，與波斯軍相比，無論在數量和品質上，都處於劣勢。戰鬥開始後，扎基西斯指揮的波斯士兵勇猛衝殺，很快就在戰場上占據主動地位，在西元 529年的尼西比斯作戰中，擊敗了拜占庭軍隊。首戰失利後，貝利撒留冷靜分析雙方的力量對比和戰場形勢。他認為，在敵強我弱的局勢下，應當主動後撤、集中力量，待敵人的戰線拉長、力量分散時，再主動出擊，與敵人決戰。這樣，他下令拜占庭軍全線後撤，集中在德拉城。初戰告捷及順利進軍，使波斯軍新任統帥貝利則斯將軍認為貝利撒留無計無謀、膽小如鼠，以為拜占庭軍不堪一擊，德拉城唾手可得。西元 530 年，他率領 4萬精銳的波斯大軍，直撲德拉城。

　　波斯居魯士二世占領巴比倫德拉城，是美索不達米亞平原上的戰略重鎮，位於尼西比斯北部 23 公里處，距底格里斯河有四天的路程，四周沒有任何自然屏障，完全依靠城防工事的保護。其城防由內城、外城、護城河和防禦壕及塔樓組成。內城城牆高達 30 公尺，外城的牆基堅固。為了加強守備，與敵人

周旋，貝利撒留在城內布置了大批軍隊；在開闊平坦的城外，挖掘了縱橫交錯的交通壕，以掩護待命出擊的騎兵。剛愎自用的貝利則斯十分輕敵，認為波斯軍很快就會擊敗敵人並攻占城池，因而在攻城之前，即向德拉城內的市民釋出通知，要他們準備好洗澡水，以便占領該城後，為波斯士兵洗滌征塵。

戰鬥開始後，波斯大軍發動了猛烈的進攻，拜占庭軍接連失利，中軍發生動搖。就在這危急時刻，貝利撒留指揮兩翼的騎兵適時出擊，出其不意地從兩個方向夾擊敵人側後。在拜占庭騎兵的衝擊下，波斯軍陣腳大亂，導致全軍潰敗。統帥貝利則斯見大勢已去，棄軍逃走。波斯士兵丟棄武器，四散奔逃，結果有 5,000 人陣亡、8,000 人被俘。獲勝的貝利撒留為防敵人反撲，下令收兵回城，重整防務。西元 531 年，波斯軍渡過幼發拉底河，從敘利亞沙漠方向發動進攻，貝利撒留統兵 2 萬前往援救。波斯軍發動的多次進攻，都在貝利撒留的巧妙應付下瓦解了。在勝利面前，拜占庭軍中的驕傲、輕敵情緒日益高漲，加上貝利撒留尚不滿 26 歲，其部下諸將欺其年輕，經常不服從他的統轄，全軍缺乏行動的一致性，直接影響了此後的戰爭形勢。

亞歷山大與波斯作戰當時，貝利撒留為了盡快退敵，下令要拜占庭軍每晚都搶先占領敵人預定第二天占領的陣地，待敵人前來進攻時，經短暫戰鬥，即主動放棄。這樣，透過拉鋸戰

來消耗敵人的有限力量。但貝利撒留部將急於立功，不遵守貝利撒留的命令，有的輕舉妄動、擅自出擊，以致在哈爾基斯城附近輕易與波斯軍主力交戰。在戰鬥中，位於拜占庭軍右翼的阿拉伯人在波斯士兵的拚死攻擊下臨陣脫逃，使拜占庭軍陷入絕境，800 名英勇善戰的匈奴老兵被包圍、消滅。只有左翼的拜占庭步兵在貝利撒留的激勵下，在幼發拉底河岸背水一戰，抵擋了波斯騎兵的攻擊，並乘夜巧妙渡河撤退，擺脫了危險。波斯軍隊獲得了哈爾基斯會戰的勝利。

西元 531 年秋，波斯國王喀瓦德一世逝世，國內發生繼嗣之爭，政局動盪不安；而拜占庭方面，皇帝查士丁尼一世為了恢復失去的國土，準備集中全力對非洲用兵，進攻汪達爾 —— 阿蘭王國，也急於盡快結束與波斯的戰爭。這樣，因雙方都無心再戰，就在西元 532 年達成媾和協議，結束了第一次波斯戰爭。條約規定：拜占庭撤回德拉城的駐軍，向波斯支付黃金1,000 磅。

縱觀第一次波斯戰爭，波斯軍隊在數量和品質上始終占絕對優勢，但是拜占庭軍在足智多謀的貝利撒留指揮下，以少勝多，以弱勝強，帶給波斯軍很大的打擊。由於這次戰爭是一場沒有經過決戰、定出勝負就停戰、媾和的戰爭，在某種意義上可以說是一場沒有打完的戰爭。雖然查士丁尼一世不惜以金錢和實利換取和平，但是在交戰雙方之間存在的矛盾並未消除，

雙方的軍事力量也沒有受到任何大的損失，因而雙方的衝突和戰爭仍是不可避免的。

第二次波斯戰爭

　　雙方停戰後，波斯新王霍斯勞一世（西元 531 ～ 579 年在位）利用和平時機，致力於穩定國內政局。他在無情鎮壓政敵，鞏固自己地位，把持朝政之後，就開始大力進行國內的政治、經濟和軍事等方面的改革。首先，鼓勵發展農業，推廣農耕技術，向人煙稀少的邊疆地區大量移民；其次，大力整修道路，發展交通事業，使之既有利於軍隊的調動，也為貿易往來提供便利；第三，改革軍制，以鐵甲騎兵和農民組成的步兵為主，建立新的正規軍，增加軍隊的訓練和組織紀律性；第四，大力進行稅制改革，增加國家財政收入。他改變過去官員和貴族隨意攤派稅額和隨意徵收的舊制，開始徵收固定的土地稅和人頭稅，每年分兩次完稅；另外，他還獎勵發展工藝品的製造，並大力發展文化教育事業，創辦了蘇薩大學。這些措施，鞏固了波斯王室的地位和中央集權的統治，也使波斯的政治、經濟和軍事實力更加強大，因此，霍斯勞一世在位期間，被稱為薩珊波斯的黃金時代。

　　霍斯勞一世是個野心勃勃的人，他進行改革的目的，就是要強大國力，對外進行侵略、擴張，擴大自己的版圖。但是，

在他致力於解決國內問題時，拜占庭軍已征服了汪達爾——阿蘭王國，正在向東哥德王國進攻。因此，霍斯勞一世非常不安，他既嫉妒查士丁尼一世獲得的成功，又擔心拜占庭勢力的強大會威脅到波斯的存在，整日鬱鬱寡歡，苦思對策。就在這時，西元539年底，東哥德國王維提吉斯派特使求見霍斯勞一世，告訴他：東哥德王國在貝利撒留指揮的拜占庭軍的打擊下，已岌岌可危，所以敦請霍斯勞一世火速出兵拜占庭，以減輕東哥德王國的壓力，同時可以從東、西兩個方向夾攻拜占庭帝國。霍斯勞一世不願看到拜占庭打敗東哥德王國而壯大力量，接受了請求。他認為拜占庭軍的主力都在貝利撒留的指揮下西征東哥德王國，國內必定空虛；且亞美尼亞和科爾基斯人不滿拜占庭的統治，如果趁此時發動戰爭，一定會獲得勝利。於是，他先唆使阿拉伯人酋長進攻拜占庭帝國，爾後以援助阿拉伯人為名，撕毀和約，向拜占庭宣戰，戰爭再次爆發了。

西元540年春，霍斯勞一世親率大軍從首都泰西封出發，沿幼發拉底河西岸前進。拜占庭人猝不及防，加上拜占庭軍在幼發拉底河防線上的兵力薄弱，無法與波斯軍對抗。因此，戰爭一開始，霍斯勞一世就給拜占庭軍從沒受過的強大打擊。在鎮壓了小城蘇拉的反抗後，霍斯勞一世率軍進攻希拉波利斯、哈爾基斯等城，勒索了鉅額贖金，然後直搗敘利亞首府安條克。

安條克是拜占庭在東方的第二大城市，人口稠密，建築宏

偉，三面環山，一面臨奧龍特斯河，圍繞城市建有堅固的堡壘。守將是查士丁尼一世的外甥，他完全是依靠姻親關係擔任這個職務的，根本就沒有指揮才能。雖然在波斯軍的包圍形成之前，查士丁尼一世派來的 6,000 援軍已進入城內，但援軍的到來並未讓軍隊的氣勢有所提升。波斯軍圍城之後，霍斯勞一世下令指揮大軍攻城。數萬波斯士兵肩扛登城的雲梯，發動了一次次的強攻，在殘酷、激烈的戰鬥中，拜占庭軍的傷亡不斷增加，許多士兵從旁門突圍逃走。城內吉莫（市民的區域組織，有自選的區長，負責治安）派出大批青壯年支援殘留在城內的士兵進行抵抗，但在波斯軍的最後總攻下，安條克城陷落了。霍斯勞一世為了報復，下令要波斯軍大肆燒殺搶掠。寺院受劫掠，房屋被焚燒，人民遭屠殺，整個城市慘狀紛紛，劫餘的居民被擄往波斯。爾後，霍斯勞一世揮軍進攻地中海東岸地區。

在這一年裡，霍斯勞一世率領波斯大軍縱橫馳騁在拜占庭帝國的東方領土上，如入無人之境，獲得一連串勝利，掠得的財寶不計其數。在勝利面前，霍斯勞一世日漸狂妄自大，野心不斷擴大。他認為從拜占庭帝國奪取小亞細亞已不成問題，就算是帝國首都君士坦丁堡，也將在波斯大軍的鐵蹄下化為齏粉。

拜占庭皇帝查士丁尼一世得到波斯軍隊入侵並劫掠的消息後，十分驚慌，急忙召回正在義大利指揮作戰的貝利撒留，任命他為征討波斯的統帥。西元 541 年，貝利撒留風塵僕僕地從

義大利戰場上趕回，戎裝未卸，就奔向敘利亞戰場。

這時的貝利撒留經過十幾年無數次戰爭的鍛鍊，早已成為一名傑出的騎兵指揮官和戰術家，他建立一支由拜占庭和一部分蠻族人組成的 7,000 人親隨騎兵。他們身披鎖子甲，裝備有日耳曼人的長矛和波斯人的弓箭，在戰鬥中行動迅速，勇猛異常，成為拜占庭軍的主力，被稱為「鐵甲士」。身為一名將軍，貝利撒留深知士兵的重要，因此他非常愛護士兵，珍惜士兵的生命。在戰鬥中，他總是身先士卒，帶領親隨騎兵馳騁拚殺，因而得到士兵們的崇敬和愛戴。貝利撒留抵達東方前線，立即指揮拜占庭軍向前推進，在幼發拉底河畔紮營。他詳細考察、研究了戰場形勢，決定採取引蛇出洞的戰術，把以逸待勞、固守堡壘的波斯軍引出來，加以伏擊。但是，由於執行誘敵任務的阿拉伯僱傭軍軍紀渙散，戰鬥力低下，使計畫失敗了。這時，由於家庭糾紛，查士丁尼一世召貝利撒留回君士坦丁堡，他只好暫時離開前線。波斯軍趁機發動進攻，缺乏主帥的拜占庭軍無心戀戰，節節後退。西元 542 年，當貝利撒留重返前線時，拜占庭軍已退縮到希拉波利斯城。他立即投身於建立新的戰線工作，同時，鼓勵士兵振奮精神，奮勇向前。很快，他就在希拉波利斯城和幼發拉底河之間建立了新的防線。新的防線是由騎兵和步兵按梯次配備組成的，第一線是由 6,000 騎兵組成的機動部隊；第二線是由哥德人、汪達爾人、伊比利亞人等蠻

族組成的步兵。步兵每個陣營分為四隊，第一隊持鞭，第二隊仗劍，第三隊執弓，第四隊用斧。此外，在幼發拉底河東岸部署 1,000 名亞美尼亞騎兵，作為策應。

霍斯勞一世深知貝利撒留身為一代名將，在膽量和韜略方面的過人之處，當他看到拜占庭軍已做好迎戰的準備，就決定放棄進攻，避免與貝利撒留進行決戰。於是，他引兵向北進攻、劫掠黑海北岸。

此時，流行於歐洲大陸的黑死病（鼠疫）在拜占庭肆虐。在黑死病的襲擊下，君士坦丁堡居民大量死亡，最多時，一天有近萬人死於瘟疫。同時，黑死病也威脅到交戰雙方的軍隊，兩軍因此不得不休戰。留在前線的貝利撒留利用休戰，整頓軍隊。這時，一個消息傳到前線，說查士丁尼一世死於黑死病。一個部將趁機勸說貝利撒留利用手中的兵權奪取帝位。這件事被人密報君士坦丁堡，查士丁尼一世本來就害怕貝利撒留功高蓋主，此時他不問青紅皂白，將貝利撒留召回，沒收其財產，剝奪其親兵，削去其職務，使拜占庭軍失去了一位傑出的指揮官。

看到拜占庭內部發生的糾紛，霍斯勞一世覺得有機可乘，遂於西元 543 年派軍進占亞美尼亞，殲滅了前來進攻的 3 萬拜占庭軍。544 年，霍斯勞一世再次親征美索不達米亞，圍攻首府達數月之久。但波斯軍發動的多次攻城戰，均因城高險固未能

如願。無奈,他率軍退回尼西比斯。

西元 545 年,雙方締結了一個有效期限五年的停戰協定,根據協定,波斯將所占領土歸還拜占庭,拜占庭則償付波斯黃金 2,000 磅。第二次波斯戰爭至此就結束了。

這次戰爭,雙方仍未決戰,由於查士丁尼一世採取了以金錢買和平的息事寧人政策,戰爭暫時停止,但導致戰爭的因素並未消除,戰爭仍是解決雙方矛盾的唯一方式。因此,西元 549 年又爆發了第三次波斯戰爭。

第三次波斯戰爭

這次戰爭(西元 549 ～ 562 年),雙方主要圍繞科爾基斯進行爭奪,展開了激烈的戰鬥,進行反覆的較量。科爾基斯只是一個小國,它位於黑海東岸,扼守作為東西方商路的高加索通道,法西斯河流經其間,河運十分便利。從河口的港口,只需 9 天即可航行到君士坦丁堡。科爾基斯物產豐富,特別是黃金等礦產蘊藏量很大。優越的地理環境,豐富的物產,吸引了眾多人口,成為多民族的聚居地。科爾基斯號稱人口有 400 萬,光使用的語言就多達 130 種。它由 7 個部落組成,其中以拉濟卡部落最大,拉濟卡酋長又稱為科爾基斯國王。富庶的科爾基斯一直是周圍強國的爭奪目標。為了進行自衛,國內建有許多小

要塞，每個要塞都有磚砌的城牆和塔樓，並配備相當數量的守軍。全國號稱有軍隊 20 萬人。

在古代，科爾基斯是波斯帝國的屬國，波斯帝國瓦解，被本都王國吞併，本都在米特里達梯戰爭中失敗後，又被羅馬帝國征服。但由於距羅馬過於遙遠，羅馬的控制很鬆散，實際上仍以一個獨立的小王國存在著。隨著基督教的廣泛傳播，科爾基斯人紛紛轉而信奉基督教。控制教權的拜占庭帝國趁機向科爾基斯進行滲透，擴張自己的勢力。西元 522 年，科爾基斯遭到東方伊比利亞人的侵害，為了求得拜占庭帝國的庇護，科爾基斯國王沙非親自到君士坦丁堡接受洗禮，並娶拜占庭人為妻。後來又與查士丁尼一世締結同盟，實際上成為拜占庭的屬國。

到國王卡巴翟斯當政時，拜占庭在比遵達和佩特拉修建要塞，駐紮重兵。一開始，科爾基斯人歡迎拜占庭士兵的到來，認為他們是來保護自己的。但由於拜占庭軍的紀律渙散，長期以來，擾民行為不斷發生。拜占庭士兵到處侮辱、劫掠當地人民，甚至插手科爾基斯的政治，使國王卡巴翟斯成為傀儡，政權幾乎完全掌控在拜占庭官吏的手中。這些，都大大傷害了科爾基斯人的民族自尊心，他們忍無可忍，遂向波斯國王霍斯勞一世懇求援助和友誼。早想染指科爾基斯的霍斯勞一世接到請求後，大喜過望，馬上應諾。他計劃先派艦隊沿法西斯河順流

而下，控制黑海商路和制海權，蹂躪本都和比西尼亞海岸；同時聯合不滿君士坦丁堡統治的各蠻族，共同進攻拜占庭帝國。西元 547 年，霍斯勞一世率領 8 萬大軍，以討伐斯基泰人為藉口，祕密進入伊比利。科爾基斯人看到波斯軍的到來，認為是來解救他們的，高興地為波斯軍充當嚮導，幫助開闢通過高加索山脈的道路。卡巴翟斯王甚至跪在霍斯勞一世面前表示感謝，宣誓效忠波斯。進入科爾基斯後，霍斯勞一世指揮波斯軍進攻佩特拉要塞。拜占庭守軍頑強抵抗，但在波斯大軍的輪番攻擊下，城垣毀壞，殘餘的拜占庭守軍投降，佩特拉落入波斯之手。

科爾基斯人原以為「救星」波斯人的到來，會為他們帶來和平、安寧的生活。但事與願違，身為專制君主的霍斯勞一世，不但把以卡巴翟斯王為首的科爾基斯人視為奴隸，百般差遣，且下令強制要求科爾基斯人放棄基督教的信仰，改信波斯的祆教。在信奉基督教的科爾基斯人眼中，祆教的許多儀式和習俗是難以接受的。如祆教習俗之一的「天葬」，是將親人的遺體放在高塔上任憑日曬雨淋，當鳥和鷹的食物，這被他們視為是對親人的不敬和殘忍的行為。因此，他們對改教抱有反感，從而產生了敵意。霍斯勞一世察覺後，準備暗殺卡巴翟斯王，並將科爾基斯人遷往遙遠的沙漠地區，把忠於自己的波斯人移民法西斯河畔。科爾基斯人聽到這個可怕的消息後，惶恐萬分，

他們既不願改變自己的信仰，也不願離開世代生息的家園。於是，西元 549 年，他們再次向拜占庭帝國皇帝查士丁尼一世求救。查士丁尼一世覺得收復科爾基斯的機會來了，他立即派將軍率 8,000 拜占庭士兵向波斯軍發動進攻，力圖從黑海沿岸驅逐波斯勢力。雙方因此展開了著名的佩特拉爭奪戰。

佩特拉要塞建在法西斯河口的一個伸向黑海的小半島上，島上地勢險要，只有一條小路通向陸地，易守難攻。波斯軍占領該要塞後，對要塞進行了改造，使之更加堅固。要塞中有 1,500 名波斯士兵駐守，儲有約 5 萬件防禦武器和五年的口糧。在拜占庭軍的圍攻面前，波斯守軍毫不畏懼，頑強戰鬥，保住了要塞。但是在激烈的戰鬥中，有 1,200 名波斯士兵陣亡，殘存的 300 名波斯士兵，在戰友們的屍體堆中，忍受著難耐的屍臭，繼續戰鬥。在最危急的時刻，波斯將軍梅爾美勞斯帶 3,000 名士兵，殺開一條血路，衝入城內增援。拜占庭軍因久攻不下，由貝思將軍出任攻城總指揮。梅爾美勞斯是位失去雙腳，在擔架上指揮戰鬥的老將軍；貝思則是一個久經沙場的年逾七十的宿將。兩人到達前線後，都潛心研究戰場上的形勢，制定新的戰略、戰術。

西元 551 年，經過充分準備的拜占庭軍 5 萬人發起了新的攻城戰。拜占庭軍使用需 40 名士兵搬運的大型撞城槌攻擊城牆，然後用鐵鉤鉤下鬆動的牆磚，力圖開啟一個突破口。波斯

軍則在城牆上往下傾倒用硫黃和瀝青製造的燃燒劑，燒灼拜占庭軍，並以飛蝗般的箭矢阻止拜占庭軍登城。拜占庭軍老將貝思一馬當先，常常衝在隊伍最前列，他的勇氣鼓舞了拜占庭士兵的鬥志，他們頂著矢雨，奮勇登城。波斯軍也在梅爾美勞斯的指揮下，英勇殺敵、寸土必爭。殘酷的戰鬥持續了幾個月。戰鬥激烈之時，6,000 名拜占庭士兵同時架起雲梯登城，戰場上到處是刀劍的撞擊聲、喊殺聲、呻吟聲。在拜占庭軍的攻擊下，波斯軍傷亡慘重，但僅存的 2,300 人仍堅守著殘破的要塞。在拜占庭軍的最後總攻擊中，波斯軍僅有 700 人受傷被俘，其餘的 1,600 餘人均被劍與火奪走了生命。最悲慘的是被包圍在名為天主閣的衛城內的 500 名波斯士兵，因拒絕投降，在拜占庭軍的火攻下，一齊葬身火海。拜占庭軍在付出了巨大的傷亡後，占領了已成為廢墟的佩特拉要塞。

　　佩特拉圍攻戰後，拜占庭軍和波斯軍在高加索山麓進行了六年的拉鋸戰。拜占庭軍掌握了主動權，獲得了多次小勝利。但由於波斯軍得到源源不斷的補給，力量不斷增加，總兵力達到了 7 萬人。西元 554 年，波斯軍向阿爾凱奧波利斯發動進攻，失利後，主動撤退。不久，再次發動進攻，占領了伊比利。戰爭逐漸向有利於波斯的方向發展。連續的失利，使拜占庭軍士氣低落，戰線不斷後退，卡巴翟斯王逃入山中。西元 555 年，那科勞凱恩將軍出任波斯軍統帥。他傲慢自負，不可一世，狂

言在戰場上獲勝，就像在自己手上戴戒指一樣容易，當時，數萬拜占庭軍已被波斯軍困在法西斯河口的一塊狹小的地區，內無糧草，外無援兵。但置之死地而後生，處於絕境的拜占庭軍抓住有利時機，拚死向輕敵冒進的波斯軍隊發起反攻，獲得勝利，消滅波斯士兵 1 萬餘人。那科勞凱恩將軍狼狽地逃回波斯，被激怒的霍斯勞一世將他剝皮處死。

面對戰場上的敗勢，霍斯勞一世採取了養精蓄銳、以利再戰的政策，主動放棄戰爭，逐漸將軍隊撤回國內。拜占庭恢復了對科爾基斯的控制，卡巴翟斯王再次向拜占庭宣誓效忠，但不久被查士丁尼一世以背信棄義的罪名處死。

西元 562 年，波斯與拜占庭再次媾和，條約規定：波斯放棄對科爾基斯的領土要求，作為補償，拜占庭每年向波斯支付黃金 1.8 萬磅；條約有效期限為五十年。

這樣，在拜占庭帝國一方，由查士丁尼一世進行的三次戰爭就結束了。透過戰爭，拜占庭保住了在東方的領土。但輝煌的戰果是付出了巨大代價才獲得的，龐大的戰爭費用和鉅額的年金，耗盡了國家原有的積蓄，天文數字般的財政赤字的彌補，加重了人民的負擔，使廣大下層人民的不滿與仇視情緒與日俱增，階級矛盾和階級鬥爭日益尖銳。統治階級內部也因種種矛盾，趨向分化、解體。拜占庭帝國已成為外強中乾的空架子，往昔繁榮的大帝國景象，已一去不復返了。正像查士丁尼

一世的繼承人查士丁二世在西元 566 年釋出的補充詔令中說的那樣：「我們的國庫空虛，負債累累，達到極端貧困的境地，軍隊也趨於瓦解，以致國家遭到蠻族不斷的侵襲與騷擾。」

第四次波斯戰爭

西元 562 年雙方媾和之後，霍斯勞一世再次改革內政，整頓軍隊。為了穩定後方，消除後顧之憂，他出兵征服阿拉伯半島，控制半島最大的港口亞丁。經過一番努力，波斯的實力漸漸恢復。

西元 565 年 1 月，拜占庭皇帝查士丁尼一世去世，把拜占庭帝國這個爛攤子丟給繼承人查士丁二世（西元 565 ～ 578 年在位）。面對財政困窘、吏治混亂、軍事無力、人民鬥爭不斷的局面，查士丁二世改變了查士丁尼一世的對外政策，力圖透過改革內政來挽回頹勢。571 年，查士丁二世下令停止向波斯支付年金。霍斯勞一世以查士丁二世撕毀條約、拒納年金為由，率領波斯軍進攻德拉城，戰端又啟。經過五個月的廝殺，德拉城陷落。在索討黃金 4 萬磅後，波斯軍後撤，雙方暫時休戰。在戰爭失利的情況下，性格內向的查士丁二世苦於強國無策，終日悶悶不樂，最後竟精神失常，死於 578 年。將軍提比略二世繼其後為拜占庭皇帝（西元 578 ～ 582 年在位）。提比略二世為了集中全力與波斯進行戰爭，在帝國其他方面都採取守勢，甚至

不惜花費鉅額款項與阿瓦爾人和解，但面對殘破的局面，他同樣回天乏術，在聲聲悲嘆中死去。根據遺詔，其女婿、將軍莫里斯登上帝位（西元 582～602 年在位）。

在波斯，西元 579 年霍斯勞一世逝世，其子荷姆茲四世（西元 579～590 年在位）繼位。荷姆茲銳意改革圖治，採取了許多削弱地方權力，加強中央集權的措施，力爭重新樹立國王的權威。但是，他的改革措施遭到了普遍反對。巴比倫、蘇薩、達爾馬提亞相繼發生叛亂，阿拉伯等地拒絕向中央政府繳納貢賦。西方有拜占庭軍的進攻，東方面臨突厥人的入侵，內憂外患一起湧來。589 年，以亞塞拜然駐軍司令巴赫拉姆‧楚賓為首的部分貴族發動叛亂，殺掉荷姆茲，篡奪王位。荷姆茲之子霍斯勞二世逃往拜占庭，請求拜占庭皇帝莫里斯的保護。為了徹底解決東方問題，莫里斯答應了他的請求，派將軍那爾翟斯率 7 萬大軍援助霍斯勞二世。拜占庭軍在幼發拉底河畔擊敗了波斯軍，乘勝於 591 年攻陷波斯首都泰西封，殺掉巴赫拉姆‧楚賓，把霍斯勞二世扶上波斯王位（西元 591～628 年在位）。繼位之初的霍斯勞二世，不得不向拜占庭做出重大讓步，將亞美尼亞的大部分和伊比利之半割讓給拜占庭，雙方訂立「永久和平協定」。莫里斯圓滿地結束了苦戰二十年的戰爭。

第五次波斯戰爭

波斯國王霍斯勞二世是個頗有才智和野心的人。他雖然藉拜占庭的力量登上王位，並與拜占庭訂立「永久和平協定」，但其真實目的是為了先解決國內問題，鞏固剛剛到手的王位，擴大自己的勢力，增強國力。因此，他一面派兵出擊突厥人，守衛東部邊疆；一面穩定國內政局，注意休養國力。恰好，由於階級矛盾激化，拜占庭發生兵變，西元 602 年，暴動士兵在百夫長福卡斯率領下向君士坦丁堡進軍。兵變獲得君士坦丁堡的吉莫和平民的廣泛支持，他們推翻並處死了莫里斯皇帝，擁立福卡斯為拜占庭皇帝（西元 602 ～ 610 年在位）。但福卡斯政權一建立，就遭到元老、大地主、行政官吏和高階軍官的反對，拜占庭陷入國內戰爭。內戰使拜占庭的行政機構完全處於癱瘓狀態。

拜占庭的內亂讓霍斯勞二世覺得時機已到，便以要為大恩人莫里斯復仇為名，於西元 606 年率領大軍西征，戰火又起。交戰中，波斯軍斬殺拜占庭將軍凱爾馬努斯，俘其所部，進而圍攻德拉城，經九個月的戰鬥，攻占該城。608 年，波斯軍進攻卡帕多奇亞、比西尼亞、卡拉奇亞；另一支波斯軍攻占了卡爾西頓城，聯合阿瓦爾人、斯拉夫人威脅君士坦丁堡。

波斯大軍的迫近，讓君士坦丁堡一片混亂。已被內亂弄得頭昏腦脹的福卡斯皇帝手足無措，不知如何應付如此危急的局

面。在元老、大地主和行政官吏的支援下，近衛隊長普里斯庫斯祕密聯合非洲行省省長希拉克略，準備發動政變，推翻福卡斯。西元 610 年，希拉克略率艦隊向君士坦丁堡進軍，在達達尼爾海峽擊敗了支持福卡斯的軍隊，順利進入君士坦丁堡，推翻並處死了福卡斯，希拉克略成為拜占庭皇帝（西元 610 ～ 640 年在位），開始了希拉克略王朝的統治。

這時的拜占庭，國內戰爭雖然結束，但舊有的矛盾和問題尚未解決，又出現了新的問題；外部，波斯大軍兵臨君士坦丁堡，直接威脅到帝國的存在。可以說這是拜占庭帝國形成後，未曾有過的黑暗時代。希拉克略千方百計想排除重重困難，挽救危急中的帝國，為阻止波斯軍的攻勢，他任命普里斯庫斯為東方統帥，並派其弟德奧多爾斯駐守戰略要衝奇里乞亞山口，但西元 611 年普里斯庫斯因與希拉克略的關係破裂，陰謀反叛，東方戰線形同虛設，根本無法與波斯軍抗衡。

波斯在蹂躪小亞細亞之後，於西元 609 年進攻敘利亞，611 年再次攻占安條克。帝國的廣大下層人民，特別是猶太居民，認為波斯人是來解救他們的，讓他們不再受帝國的政治壓迫和經濟盤剝，因而情願接受波斯人的統治。613 年，波斯大將沙赫爾巴拉茲率軍攻占大馬士革，並進攻耶路撒冷。

耶路撒冷是傳說中耶穌基督的殉難地，耶穌的靈墓即在這裡，因而被基督教徒視為「聖地」。信奉基督教的拜占庭士兵和

當地居民為保衛「聖地」不受異教徒的褻瀆，浴血奮戰。波斯軍以移動木塔為掩護，用攻城槌撞擊城牆，發動輪番進攻。守軍寡不敵眾。在激戰八十多天後，耶路撒冷城被攻陷。波斯軍進城，大肆劫掠，總計有9萬人慘遭殺戮，聖殿和廟宇均罹兵燹，三百多年的積蓄被搶劫一空，連耶穌的陵墓也未逃厄運，「聖十字架」（傳說中釘死耶穌的十字架）被當戰利品運回泰西封。基督教的信徒們聞此失色，悲嘆世界末日的降臨，他們把霍斯勞二世視為《聖經》中的「基督的仇敵」。

西元616年，沙赫爾巴拉茲又率領波斯軍侵入埃及，攻陷了亞歷山卓，到619年征服了整個埃及。同時，另一支波斯軍隊出征小亞細亞，直抵博斯普魯斯海峽，再次威脅到君士坦丁堡的安全。波斯大軍兵鋒所至，本都沿海經安基拉到羅得島的許多城市望風而降。羅馬帝國將軍在幾百年間奪占的土地，在短短的幾年中就全部被霍斯勞二世奪走。到這時，埃及、阿拉伯、巴比倫、敘利亞及小亞細亞的美索不達米亞、亞美尼亞等地，都先後臣服於波斯，波斯的版圖擴大到了極點，薩珊波斯的勢力達到空前絕後的極盛時期。617年，波斯軍又一次攻占卡爾西頓城，霍斯勞二世與阿瓦爾人、斯拉夫人等蠻族訂立同盟，共同進攻君士坦丁堡。

這時，拜占庭帝國的局勢非常緊張，君士坦丁堡被圍困，糧道斷絕，軍費匱乏，士氣低落，人心浮動，加上疾疫流行，

城內混亂不堪。希拉克略無計可施，打算放棄君士坦丁堡，遷都迦太基城。在主教塞爾基烏斯的竭力勸阻下，希拉克略打消了遷都的念頭，決心堅持戰鬥到底。在大敵當前的情況下，帝國內部各階級、各階層之間的矛盾得到緩和，他們都團結在希拉克略周圍，準備與敵人決一死戰。希拉克略在他們的支持下，在國內施行了三項重要改革：首先，把北非的總督制移植到拜占庭東方各省，建立軍區制（亦稱宅姆制），把地方軍、政大權集於軍事長官一身，健全了軍事組織；其次，充分利用帝國內亂時充入國庫的被鎮壓貴族的財產，把土地分給軍人，建立軍役和封建義務合一的軍事屯田制，加強軍隊的經濟基礎；第三，利用宗教的精神和物質力量，動用大批教產，以「聖戰」號召全國軍民同仇敵愾，與「異教徒」波斯人決一死戰。

為了爭取時間，希拉克略向波斯提出休戰。波斯嚴正拒絕，同時發兵進攻君士坦丁堡，逼迫希拉克略投降。西元 620 年，沙赫爾巴拉茲率軍從埃及趕到卡爾西頓，參加對君士坦丁堡的攻擊。得到增援的波斯軍乘船強渡博斯普魯斯海峽，試圖從海上進攻君士坦丁堡。在拜占庭艦隊的攔擊下，波斯軍傷亡士兵 4,000 餘人，進攻受阻。見此情景，霍斯勞二世向希拉克略提出休戰條件：拜占庭每年向波斯交付金銀 2,000 塔蘭同，絹衣 1,000件，馬 1,000 匹，美女 1,000 人。迫於當時的形勢，希拉克略答應了這些苛刻的條件，但以時間倉促為由，要求延緩納貢的期

限。雙方達成休戰協定。利用這個短暫的時機，希拉克略大力加強陸海軍軍備。621 年，又以黃金 20 萬磅的代價與阿瓦爾人議和，解除了後顧之憂。

一切準備就緒後，西元 622 元，希拉克略將太子留在君士坦丁堡，把後事託付給主教和元老院，抱著必死的決心，親自率領拜占庭軍踏上了進攻波斯的征途。希拉克略指揮拜占庭軍避開正面的敵人，乘軍艦，出其不意地在小亞細亞南端奇里乞亞的伊蘇斯港登陸。這裡曾是馬其頓亞歷山大大敗波斯皇帝大流士三世的古戰場。駐紮在卡爾西頓城的波斯軍聽到拜占庭軍在自己身後的伊蘇斯登陸，十分驚慌，為保住自己的補給，馬上分出一支部隊火速趕往伊蘇斯。希拉克略率軍迎擊，雙方在卡帕多奇亞相遇。戰鬥中，在希拉克略的激勵下，拜占庭軍奮勇拚殺，人人爭先，大敗波斯軍，乘勝收復小亞細亞東部。初戰告捷，拜占庭軍士氣大振。623 年，希拉克略又率軍艦在小亞細亞北部的特拉帕作斯港登陸，在擊退敵人的進攻後，占領科爾基斯。在這裡，拜占庭軍得到許多來自高加索山區的蠻族僱傭軍的補給。不久，拜占庭軍又奪取了亞美尼亞，攻入美地亞，占領塔里斯城。為避免過早與波斯軍進行決戰，希拉克略下令停止進攻，原地休整。624 ～ 625 年，拜占庭軍基本上平定了小亞細亞西部。

戰場上的失利和軍隊的大量減員，使波斯軍面臨許多困難。為了補充兵員的嚴重不足，霍斯勞二世大量募集新兵，並打破慣例，將廣大下層貧苦人民強制編入軍隊。西元 626 年，霍斯勞二世為了發動新的進攻，制定了一份詳細的作戰計畫：波斯軍兵分兩路，一支由 5 萬人組成，出兵亞美尼亞，牽制希拉克略率領的拜占庭軍；另一支由沙赫爾巴拉茲將軍指揮，從南方經小亞細亞在卡爾西頓城與阿瓦爾人會合，力爭在短時期內攻下君士坦丁堡。

　　在得知波斯軍的動向後，希拉克略調整了自己的戰略部署。他將拜占庭軍分為三部分：一支橫渡黑海，援救君士坦丁堡；一支由其弟德奧多爾斯率領在亞美尼亞與波斯軍隊周旋；第三支主力由希拉克略親自指揮，作為機動部隊，靜觀戰局發展，再決定出擊方向。

　　西元 626 年 8 月，8 萬阿瓦爾人大軍向君士坦丁堡發起進攻，在激戰十天後，被拜占庭軍擊退，失利的阿瓦爾人欲乘船渡過海峽與波斯軍會合，但遭到拜占庭艦隊的猛烈攻擊，在拜占庭軍海陸夾攻下，阿瓦爾人解圍引兵北遁，從此一蹶不振。

　　在亞美尼亞，德奧多爾斯大敗波斯軍，再次攻入美地亞。希拉克略抓住有利時機，派一支精銳部隊經美地亞、阿西利亞直搗波斯首都泰西封。他自己指揮主力出科爾基斯，沿底格里斯河南下，兩支軍隊互相策應。

面對拜占庭軍的大規模進攻，霍斯勞二世被迫與拜占庭軍決戰。他把所有留在國內的士兵集中，拼湊成一支軍隊，以將軍拉扎特斯為統帥，進行決戰的準備。他對即將出征的拉扎特斯說：「勝利與殉國，希卿任選其一。」同時，他又派信使火速趕往卡爾西頓，召大將沙赫爾巴拉茲率軍回國參加決戰。信使在途中被拜占庭軍俘獲，使波斯軍失去了後援。

　　西元 627 年 12 月 12 日，兩支大軍在古城尼尼微附近相遇，激烈的戰鬥開始了。戰鬥自拂曉至中午，仍未見勝負。激戰中，希拉克略身先士卒，帶領拜占庭軍發起最後攻擊。拜占庭士兵勇猛拚殺，戰場上人喊馬嘶，聲震如雷。波斯軍損失慘重，將軍拉扎特斯陣亡。傍晚，波斯軍穩住陣腳，開始主動後撤。不久，波斯軍重新發起進攻。希拉克略見波斯軍來勢洶洶，避而不戰，率軍乘夜色從小路晝夜兼程，直撲波斯陪都達斯塔吉德城，霍斯勞二世見勢不妙，一面下令拆掉護城河上的木橋，一面再派信使召回沙赫爾巴拉茲，但由於拜占庭軍進軍神速，一切都無濟於事了，無奈，他只好棄城逃走。希拉克略進入該城後，將離宮內的財寶、積蓄搶劫一空，放火焚燒了宮殿。爾後，繼續率軍向泰西封挺進。由於天寒雪大等不利條件，加上得到沙赫爾巴拉茲大軍將至的消息，希拉克略下令將軍隊撤回美地亞。

　　戰場上的接連失利，使霍斯勞二世惱羞成怒。他不顧國庫

空虛、兵力不足等客觀條件，拒絕希拉克略的媾和要求，誓與拜占庭帝國血戰到底。在國家存亡的危急關頭，西元 628 年，一部分波斯貴族聯合將軍沙赫爾巴拉茲舉行政變，將霍斯勞二世逮捕入獄（後在獄中憂憤死去），擁立其子為波斯國王，即喀瓦德二世，西元 631 年，喀瓦德二世與拜占庭議和。條約規定：波斯立即歸還歷代侵占的拜占庭領土；無條件釋放拜占庭俘虜；歸還搶自耶路撒冷的「聖十字架」；歸還一切搶劫的拜占庭財物，並償還相當數額的軍費。

　　波斯慘敗以後，國勢日頹，再也無力向拜占庭發動戰爭；到西元 651 年，薩珊波斯也就被阿拉伯帝國滅亡了，但是，這個地區並不寧靜。隨著阿拉伯帝國的崛起，便又開始了阿拉伯與拜占庭之間的戰爭。

阿拉伯的對外擴張戰爭

阿拉伯對外擴張戰爭指阿拉伯哈里發國家西元 7 ～ 8 世紀強行吞併亞洲、北非和西南歐大片領土的行動。四大哈里發時期（西元 632 ～ 661 年），阿拉伯人始以疾風掃落葉之勢，囊括西亞，席捲埃及。奧瑪亞王朝的時期（西元 661 ～ 750 年），阿拉伯統治者繼續大張征伐，攻城略地，終於建立了一個橫跨亞、非、歐三洲的大帝國。

阿拉伯人之所以能於西元 7 ～ 8 世紀成功地進行一系列對外征服的戰爭，是與其當時所面臨的內部和外部條件密不可分的。

首先，從內部條件上來說，伊斯蘭教的產生和阿拉伯半島統一國家的建立，為阿拉伯人發動對外擴張戰爭提供了契機與保證。

當拜占庭帝國在地中海地區到處征戰，不斷向西歐進攻之際，阿拉伯半島上的阿拉伯人還處於原始公社制階段。這裡是草原和沙漠地帶，土壤磽瘠，氣候乾旱，絕大多數是游牧民族，逐水草而居，住氈幕。從西元 6 世紀起，阿拉伯西部成為拜占庭和波斯帝國爭奪的地方。這裡自古以來就是東西方海上

交通的樞紐。東非、印度和跨三個大洲的阿拉伯帝國等地的商品，從葉門經半島西部紅海岸，再北運至巴勒斯坦和敘利亞的各個港口，向地中海沿岸出售。長期戰爭使阿拉伯西南部遭到嚴重的破壞。古代一度繁盛的阿拉伯南方各城，到 7 世紀，已是一片荊棘瓦礫，土地荒蕪，人煙稀少，灌溉系統幾乎全部廢棄，城市一片蕭條，商業急劇衰落，南北貨運稅減。波斯侵占葉門時期，大宗印度等地的商品改經波斯灣，上溯兩河流域至小亞細亞和地中海，而不再走由葉門經半島西部紅海岸、北至敘利亞的戰線。

傳統商路的改變，加深了阿拉伯社會固有的經濟危機和社會矛盾。許多靠過境貿易生活的平民，更加貧困。駝夫、搬運夫和以保護商隊為業的人，無以為生。阿拉伯社會內部，部落貴族與普通成員之間、奴隸主人與奴隸之間的矛盾，日益深刻和尖銳。阿拉伯貴族為了尋找出路，特別是麥加城的貴族，提出從侵略戰爭中解決危機，主張透過掠奪，為發財、致富開闢廣泛的機會。

西元 610 年，麥加城古萊什部落中有一個名叫穆罕默德的商人，十分熟悉猶太教、基督教及半島上其他各種宗教思想。他根據當時阿拉伯的社會狀況和民族特點，另創一教叫「伊斯蘭」教。他把古萊什部落的主神阿拉奉為宇宙唯一之神，而他自己則是阿拉派遣到人間的「真正使者」、「最偉大的先知」。

伊斯蘭教是適應 7 世紀初阿拉伯社會的政治變革和經濟要求而產生的。它的興起，表面上是崇奉一神、打倒偶像崇拜的宗教革命，實質上是一場旨在結束阿拉伯民族分裂狀態、建立統一國家的政治活動。如其教義中，以一神崇拜代替多神崇拜，掃除了建立統一國家的思想障礙；號召服從阿拉和使者，進一步清除多神崇拜的影響，為建議統一國家鋪道；提出團結對敵的口號，以共同信仰來打破血緣紐帶，以民族和睦來代替互相殘殺，以政治統一來代替分裂割據，從而為形成強大的力量，戰勝敵對勢力，建立統一國家，提供了前提條件。禁止利息、賑濟貧民、寬待和釋放奴隸等一系列社會改革政策，緩和了階段矛盾，贏得勞動者們的支持。在穆罕默德的宣傳下，城市居民、農民和手工業者，很快接受了伊斯蘭教，並在麥地那建立了神權國家。後來，穆罕默德利用穆斯林教徒和麥地那的武裝力量，征服了阿拉伯半島的許多地區，到 632 年穆罕默德逝世時，整個半島已經大體統一。團結、統一的阿拉伯國家，在伊斯蘭教團結對敵、進行「聖戰」旗幟的指引下，迅速走向對外征服、擴張的道路。

其次，從國際方向來看，7 世紀初，拜占庭和波斯因彼此長期戰爭以及外敵入侵，國內人民反抗鬥爭，已精疲力竭，國力十分虛弱，這便給阿拉伯統一國家的建立及成功的進行擴張戰爭，提供極其有利的客觀條件。

拜占庭帝國與波斯薩珊王朝之間，為奪取西亞霸權、壟斷從波斯灣經兩河流域到地中海和小亞細亞的商路，進行了長期的戰爭。西元 6 世紀時，雙方反覆爭奪戰略要衝亞美尼亞及控制東西方海上貿易的葉門。7 世紀初，波斯占領了拜占庭帝國的大馬士革、耶路撒冷和亞歷山卓港。以後，拜占庭轉入反攻。627 年，尼尼微一戰波斯大敗，被迫歸還所占全部土地。波斯與拜占庭互爭雄長，導致雙方元氣大傷，國力消耗殆盡。

西元 6 世紀下半葉，波斯先後遭到突厥等的入侵。6 世紀時，斯拉夫人不斷進犯拜占庭，占領色雷斯和馬其頓等地。外敵入侵，加速了兩大帝國的衰微。

阿拉伯人宣誓忠誠於哈里發阿里，西元 6 世紀時，拜占庭的君士坦丁堡、巴爾幹、敘利亞、巴勒斯坦和埃及等地，爆發了多次城市和農民起義。602 年，多瑙河駐軍暴動，占領了首都君士坦丁堡，殺死了皇帝。5 世紀末，波斯發生了由僧侶瑪茲達克主導的人民起義，波及全國，直到 529 年才被鎮壓下去。霍斯勞一世即位後，暴動仍不時發生。人民起義嚴重動搖了拜占庭帝國和波斯薩珊王朝的統治。

正是由於兩大帝國國力的虛耗，才使其面臨阿拉伯人勢如破竹的進攻，無法進行有效的防禦和抵抗，只落得損兵折將，丟城失土，一敗再敗。

穆罕默德死後，阿布‧巴克爾繼任，改稱「哈里發」，意為

「阿拉使者的繼承人」。阿布·巴克爾集國家元首、宗教領袖、最高立法者、最高裁判者和軍隊總司令諸職於一身。他擊敗那些只是口頭表示歸順而實際上獨立的部族，統一了全阿拉伯，接著著手進行侵略、擴張戰爭。當時，拜占庭和波斯兩大強國經過二十年長期戰爭，都已精疲力盡，兩敗俱傷。拜占庭由於經濟不振，無法對東方各行省進行經濟補助，迫使他們向阿拉伯求援。這種情況對阿拉伯侵略擴張的推行和伊斯蘭教的傳播，極為有利。

當阿布·巴克爾準備出兵時，阿拉伯的一些貴族都積極支持。他們認為，對外侵略戰爭不僅可以奪取新的商路和土地，發財、致富，而且也是緩和國內衝突的最好辦法。只有發動對外侵略，才能緩和經濟危機和社會矛盾，才能把叛變或順服無常的各氏族部落領袖的利益和麥地那政權統治者的利益結合在一起，從而鞏固和發展已經建立起來的統一政權。這些戰爭大體上可以分為兩大階段。

戰爭的第一階段（西元 634 ～ 656 年）

敘利亞既是商隊貿易的總匯，東西交通的樞紐，又是富庶的膏腴之地。阿布·巴克爾決定先攻占敘利亞。事實上，早在穆罕默德時期，就曾派其義子宰德襲擊過死海東南的穆厄塔，但兩度嘗試都歸失敗。

阿布‧巴克爾寫信給麥加、塔伊夫、葉門、內志和希賈茲的阿拉伯人。號召他們參加聖城，激起他們從拜占庭人手中奪取戰利品的欲望。

　　西元 633 年秋（一說 634 年春），阿布‧巴克爾派出兩支軍隊（每隊約 3,000 人，一說 7,500 人），從阿拉伯半島出發，途經敘利亞沙漠，去攻打巴勒斯坦和敘利亞。一支由阿慕爾‧本‧阿綏統帥，攻打巴勒斯坦東南部，另一支由葉齊德‧叔爾哈比勒和阿布‧歐拜德率領，攻打古代稱為莫阿比的地方。阿拉伯軍在死海南邊打敗了拜占庭駐巴勒斯坦的總督塞基阿斯，並於加薩附近，幾乎全殲塞基阿斯殘部。拜占庭皇帝希拉克略組織反擊，阿布‧巴克爾命令正在巴比倫尼亞作戰的「阿拉之劍」哈立德‧本‧瓦利德馳援。這時，哈立德已奪取了希拉赫。哈立德匆忙率領一支由數百駱駝騎兵組成的精銳隊伍，從希拉赫出發，越過沙漠，經都麥特‧占德勒（今焦夫省）和古拉基爾，向北直趨大馬士革東北不遠的關隘素瓦。經過十多天的沙漠急行軍，哈立德突然在大馬士革附近出現，包抄到拜占庭軍的後方。哈立德擊敗援助拜占庭的伽珊尼德軍隊後，和阿慕爾於大馬士革南邊的布斯拉會師，哈立德被任命為聯軍的最高統帥。

　　在 7、8 月光景，據說在巴勒斯坦境內介於拉姆拉和拜特‧吉布林兩地之間的阿季奈迪恩（Adjnadayn）發生了一次大戰。在這場血戰裡，穆斯林聯軍征服了阿萊申率領下的拜占庭人。

阿萊申逃往耶路撒冷，他的將官們終於制止住隊伍不再逃竄，把他們在約旦河對岸重新集合。他們又在貝桑挖堤決口，使得約旦河上的渡口都無法通行，但是哈立德還是渡了過去。

西元 635 年 1 月，哈立德又向敵人發動進攻，敵人這時已經集合於貝桑東南，外約旦西部山坡上的斐哈勒（希臘名佩拉），哈立德逼使敵人後退，且乘勝追擊一直到大馬士革。與此同時，一支人數較少的穆斯林隊伍又從無人防守的鄉野地區向北推進，占領了赫姆斯城（古名厄麥薩）。前一年曾經從那裡出發作戰的希拉克略皇帝，這時已經退守安條克。哈立德就在大馬士革城外與拜占庭人又打了一仗，接著又把他們包圍在城裡。圍攻了半年之後，在 634 年 9 月，大馬士革投降了。這時不知道什麼緣故，最高統帥已經不是哈立德，而改由阿布·歐拜德擔任。

第 1 任哈里發阿布·巴克爾死於西元 634 年，歐瑪爾繼承其事業，繼續對外擴張。

歐瑪爾繼續對敘利亞發動強大攻勢。繼布斯拉、大馬士革攻陷之後，巴勒貝克、霍姆斯、哈馬及其他城市也相繼落入阿拉伯人手中。希拉克略集結由希臘人、亞美尼亞人、敘利亞人和伽珊尼德人組成一支 5 萬多人的軍隊，命其弟西奧多拉斯率領，準備與阿拉伯人決戰。西元 636 年 8 月 20 日，雅爾穆克一戰，哈立德殲滅拜占庭軍，西奧多拉斯戰死。阿拉伯人乘勝北

進，直抵托魯斯山脈。歐瑪爾又派哈立德和薩位元去征服耶路撒冷。該城在被圍困兩年以後，於 638 年向阿拉伯人投降。歐瑪爾親自批准了非常寬厚的投降條件。640 年，凱撒利亞請降。同年，阿拉伯人在奪取重要港口後，最終完成了對敘利亞和巴勒斯坦的征服。

西元 641 年，阿拉伯人又兵分兩路，一路繼續向西，進攻埃及；一路向東，進攻波斯。下面分別述之。

埃及地處亞、非兩洲的交接點，戰略地位極為重要。它的首府亞歷山卓港是通往北非的門戶，又是拜占庭的海軍基地。埃及土地肥沃，有「拜占庭糧倉」之稱，阿拉伯人早就把它視為一塊肥肉。

西元 639 年，西路軍由阿慕爾統帥 4,000 人，從巴勒斯坦沿歷史上有名的濱海路線，向埃及進軍。阿慕爾精明強悍，足智多謀。早在伊斯蘭教產生以前，他就屢次帶領商隊去過埃及，對埃及的城市和道路非常熟悉。639 年 12 月，阿拉伯軍奪取阿里什。次年初，攻占埃及東部門戶貝魯西亞（培琉喜阿姆）及其他重要城市。

阿慕爾向尼羅河三角洲頂端推進時，被阻於今開羅附近的巴比倫堡，就地待援。巴比倫堡堅固難攻，守軍約有 2.5 萬人，統率這支軍隊的是亞歷山卓港主教兼總督居魯士和西奧多拉斯，他們是從亞歷山卓港趕來防守巴比倫堡的。不久，祖拜

爾・本・阿瓦姆率援軍到達，與阿慕爾軍合力攻城。西奧多拉斯逃回亞歷山卓港，居魯士被困於巴比倫堡內。阿拉伯人派出以黑人俄巴德・伊本・薩米特為團長的代表團，去尼羅河的勞達島與居魯士談判媾和條件。代表團提出伊斯蘭教、貢稅和寶劍三種選擇，居魯士同意繳納貢稅，並立即回到亞歷山卓港，把媾和條件送往拜占庭王宮。希拉克略皇帝拒絕媾和條款，以賣國罪放逐了居魯士。641 年 4 月 6 日，阿慕爾和祖拜爾發動猛攻，巴比倫堡陷落。阿拉伯軍蜂擁入城，「阿拉最偉大」的勝利喊聲，響徹巴比倫堡的各個大廳。

　　接著，阿拉伯人的鐵騎奔向埃及首府亞歷山卓港。駐防亞歷山卓港的軍隊約 5 萬人，另有拜占庭全部海軍的支援。阿拉伯軍隊僅 2 萬人，沒有戰艦和攻城機械，在數量和裝備上都處於劣勢，而且人力的補充十分困難。但是，阿拉伯人的士氣高昂，雖屢被弩炮擊退，仍不撤離。西元 641 年 2 月，希拉克略去世。其孫君士坦丁二世（西元 641 ～ 668 年在位）執政後，重新起用居魯士，令其返回亞歷山卓港。這位主教希望脫離拜占庭，效忠阿拉伯人。641 年 11 月，居魯士向阿慕爾立約投降，接受成年人繳納人丁稅和以實物繳納土地稅的條件，並答應不讓拜占庭士兵重返埃及，不讓拜占庭人收復失地。幼弱的君士坦丁二世批准了這個條約，拜占庭帝國的富饒省區埃及，就這樣落入阿拉伯人手裡。

攻占埃及後，阿拉伯人分成兩路繼續西進。西元 642 ～ 643 年，阿慕爾率北路軍，沿海岸古道直奔彭塔波里斯（今利比亞昔蘭尼加一帶地方）北部；歐格白‧伊本‧納菲厄率南路軍，由法尤姆沿古商隊的綠洲之路，向彭塔波里斯南部和費齋進軍，阿慕爾軍很快占領巴爾卡，包括萊瓦塔在內之的黎波里柏柏人紛紛投降。透過這一系列戰爭，阿拉伯人奪取了拜占庭在亞洲和非洲全部領土的 2/3。

正當拜占庭在阿拉伯人的進攻面前節節敗退、惶惶不可終日之際，波斯的薩珊王朝也遭到阿拉伯人東路軍的沿重打擊，國運岌岌可危。

早在阿布‧巴克爾時期，哈立德和舍伊班族族長穆桑納‧伊本‧哈里賽的聯軍，就已占領幼發拉底河畔的希拉赫，拔除了波斯西部邊境的屏障。西元 634 年 11 月，波斯趁哈立德增援敘利亞之機，在希拉赫的幼發拉底河橋頭殲滅阿拉伯軍。635 年 10 月～ 11 月，穆桑納反攻獲勝。歐瑪爾意識到，儘管薩珊王朝國勢衰微，但它仍然擁有一支龐大且戰鬥力強的軍隊。不摧毀薩珊王朝，消滅這支軍隊，不但希拉赫難以保全，而且會後患無窮。因此，歐瑪爾選派賽義德‧本‧阿比‧瓦卡斯為總司令，率軍 6,000 人，出征伊拉克。637 年 5 月 31 日，賽義德和波斯首相魯斯塔木在希拉赫附近的噶底西葉激戰。是日，天氣酷熱，狂風大作，塵埃蔽日，這對來自沙漠中的阿拉伯人非

常有利。結果波斯軍大敗，魯斯塔木戰死。賽義德乘勝向北追擊，637 年 6 月占領薩珊王朝首都泰西封；爾後，阿拉伯人連連獲勝，以破竹之勢長驅東向；640 年，陷胡哲斯坦；641 年，克摩蘇爾；642 年，進行納哈萬德會戰，波斯軍慘敗，傷亡 10 萬人以上。會戰剛一開始時，阿拉伯軍隊即占領了胡爾萬東北的卡爾馬新，因此也就控制了進入這個山國的幾條隘口。在納哈萬德，阿拉伯軍隊與敵軍接觸。波斯軍隊的人數較多，戰爭一連持續了幾天，有一個時期雙方打得勝負難分。阿拉伯軍隊統帥努爾曼本人戰死，其後繼人胡德赫法‧亞曼則獲得了最後勝利。波斯國王葉茲德吉爾德三世（即《新唐書‧西域傳》所記之伊嗣埃）逃往中亞。651 年，被木鹿（今中亞土庫曼境內的馬利）附近的一個磨坊主殺死，薩珊王朝滅亡，整個伊朗全部併入阿拉伯哈里發的版圖。在與波斯人作戰的同時，阿拉伯人也在 644 ～ 645 年逼近印度邊境，於 650 年奪取了伊斯塔赫爾城。651 年到達阿姆河，亞美尼亞和喬治亞的一部分，相繼於 50 年代歸順哈里發國家。

戰爭的第二階段（西元 7 世紀末～ 8 世紀前半）

　　領土的擴大，提升了阿拉伯的國際地位，同時也造成內部的分裂，各部落家族之間展開內戰。西元 661 年，軍事民主派獲勝，敘利亞和埃及的阿拉伯大貴族擁立奧瑪亞家族的敘利亞

總督穆阿維亞為哈里發，稱穆阿維亞一世，遷都大馬士革，從此建立起奧瑪亞王朝。

奧瑪亞王朝期間，內部爭權奪利的鬥爭仍然非常尖銳。但由於阿拉伯人加強了自己的軍隊，故一直沒有停止向外擴張。

在東方，阿拉伯的勢力從伊朗一直擴張到印度河流域和中亞。穆阿維亞以巴斯拉為基地，大舉東侵。西元 664 年占領阿富汗北部的喀布爾；十年後，越過阿姆河，侵入中亞。韋立德一世（西元 705 ～ 715 年在位）時期，大呼羅珊長官庫泰拔‧伊本‧穆斯林（即《冊府元龜》所記之屈底波）於 705 年攻占吐火羅首府。706 ～ 709 年，征服布哈拉及周圍地區；710 ～ 712 年，攻陷撒馬爾罕和花剌子模；713 ～ 715 年，深入到藥殺河（今錫爾河）流域。至此，阿拉伯人完全征服了河外地區，並在那裡建立了穆斯林政權。

東方戰場的另外一支阿拉伯軍隊，在哈查吉的侄子穆罕默德‧伊本‧卡西木統率下，也不斷獲得勝利。西元 710 年，攻占莫克蘭。711 ～ 712 年，占領信德（印度河下游和印度河三角洲）。713 年，侵入南旁遮普的著名佛教勝地木爾坦。這些地區，以後完全伊斯蘭教化。

在非洲，阿拉伯人繼續西進。西元 667 年，歐格白‧伊本‧納菲厄帶領 400 騎兵，從錫爾特出發，對的黎波里南部沙漠和費贊的叛亂部落，進行討伐，阿拉伯人在利比亞沙漠的勢力，

得以鞏固。歐格白還遠征突尼西亞南部地區，攻下加夫薩，降服所有綠洲。670 年，穆阿維亞任命歐格白為易弗里基葉總督，並為他增派 1 萬名騎兵。同年，歐格白開始建築凱魯萬城，並以此為基地，對馬格里布發動猛烈的攻擊。他摧毀了拜占庭人在北非的根據地，殺戮了無數的柏柏人，並派兵到處劫掠。據說，他曾打到大西洋沿岸的吉爾角，面臨波濤洶湧的海洋，才勒住自己的坐騎。684 年，歐格白在班師途中被柏柏人襲擊，於比斯克拉附近陣亡。他的屍體就地埋葬，他的墳墓成為人們朝聖的民族勝地。歐格白死後，拜占庭人與柏柏人結成同盟，奪回了易弗里基葉。

西元 693 年，敘利亞名將、伽珊尼德人哈薩尼‧伊本‧努爾曼被任命為易弗里基葉總督。哈薩尼重新占領凱魯萬城，並於 698 年將拜占庭人逐出迦太基（遺址在突尼西亞）和其他沿海城市。哈薩尼把矛頭轉向奧雷斯山區。在那裡，柏柏人部落聯盟的首領為一女巫，她因詭計多端而被稱為達西婭。她把奧雷斯山區到內富薩山區的柏柏人部落聯合起來，共同抗擊阿拉伯人。阿拉伯人初戰失利，退至的黎波里以東地區。不久，哈薩尼再度發起攻勢，兩軍激戰於奧雷斯。由於部下叛變，達西婭戰敗被殺。拜占庭人退出迦太基，柏柏人遭到嚴重打擊，奧瑪亞王朝由此在易弗里基葉站穩了腳跟。

西元 700 年左右，穆薩‧伊本‧努賽爾接替哈薩尼為易弗

里基葉總督。穆薩以摧枯拉朽之勢，很快便席捲中馬格里布和西馬格里布，奪取了丹吉爾，柏柏人望風披靡。與此同時，穆薩的海軍襲擊了西西里島、薩丁尼亞島、馬約卡島和梅諾卡島。

經過三十多年的反覆搏鬥，阿拉伯人終於永遠清除了拜占庭人在北非的勢力，徹底挫敗了柏柏人的抵抗，成為地中海南岸的主人。

北非蕩平後，富庶的西南歐立即成為阿拉伯人下一個掠奪目標。

伊比利半島是西南歐的門戶，是中世紀歐洲最美好的地區之一，當時，統治半島的西哥德人，屬基督教的亞流教派。當地土著居民（西班牙 —— 羅馬居民）信奉基督教的羅馬天主教，他們把亞流教派視為異端。西哥德人在西班牙專橫跋扈，多數人民十分痛恨其統治。阿拉伯人正是在這樣的條件下闖進西南歐大門的。

西元 711 年春，一支由 300 名阿拉伯人和 7,000 名信仰伊斯蘭教的柏柏人組成的部隊，被派到庇里牛斯半島，深入偵察西哥德王國的領土。711 年 7 月，阿拉伯軍在詹達湖岸邊的巴爾白特河口與西哥德國王羅德里克的軍隊相遇。由於對羅德里克篡奪王位不滿者的倒戈，西哥德的 2.5 萬之眾被完全擊潰，羅德里克下落不明。阿拉伯人長驅直入，勢如破竹，很快便占領了馬拉加、哥多華和西哥德首都托萊多。

西元 712 年，穆薩親自率領 1 萬名由阿拉伯人組成的軍隊在西班牙登陸。僅 2 年時間，整個庇里牛斯半島除北部山區以外都被占領，並建立了西班牙人的統治。

西班牙被征服後，阿拉伯統治者就想征服整個地中海，把義大利、日耳曼和希臘等地都收歸阿拉伯版圖。

西元 717 年 8 月中旬，阿拉伯軍隊同時從陸上和海上大舉進攻拜占庭帝國的首都。12 萬阿拉伯陸軍由馬斯馬拉指揮，渡過博斯普魯斯海峽，直抵君士坦丁堡城下，準備用封鎖的方法圍困該城。阿拉伯的海軍艦隊在蘇萊曼指揮下，約 1,800 艘船隻從埃及和敘利亞趕來。為了配合封鎖，阿拉伯艦隊一路在西，切斷可能來自愛琴海方的援助和補給；另一路在東，控制來自黑海方的補給。

拜占庭帝國皇帝利奧三世面對阿拉伯人的圍攻，決定使用「希臘火」襲擊阿拉伯艦隊，削弱其海上力量，以打破其在博斯普魯斯海峽的海上封鎖。為此，他們在君士坦丁堡東北海港出口處建起兩座瞭望塔，瞭望塔之間掛起可以升降的大鐵鍊。船艦上，裝有用石油、硝石、硫磺及各種樹脂製成的混合液質，注進吸管。阿拉伯艦船入港後，即放下鐵鍊，切斷退路，隨後，各艦船上的「希臘火」一齊噴射。這種希臘火見水即燃，能在水面上燃燒。頓時，阿拉伯艦船大火沖天，急忙逃遁。

拜占庭艦隊利用希臘火不斷襲擊阿拉伯艦隊，使其遭到損

失，同時由於阿拉伯人不適應歐洲冬天寒冷的天氣，有數以千計的人死亡，蘇萊曼將軍也被凍死。這些損失打擊了阿拉伯軍隊的士氣。西元718年8月15日，阿拉伯人被迫解圍撤兵。途中他們的艦隊遇到大風襲擊，有15萬人死亡，1,800艘戰艦到達敘利亞和亞歷山卓港時，只剩下10艘。這對阿拉伯人來說，的確是一場災禍，對以後的戰爭帶來無可估量的影響。

不久，阿拉伯人改變征服路線，即先取法蘭克、日耳曼、義大利，然後進攻君士坦丁堡，最後回到大馬士革。

西元719年，阿拉伯人在同盟軍支援下，越過庇里牛斯山，準備侵入高盧的亞奎丹地區，而崛起的法蘭克人，這時也正從北方進攻亞奎丹。亞奎丹地區由歐多統治，他面對南北兩面之敵的進攻，深感處境危險，就想先收買北非柏柏人的一個首領，以保障南疆的安全，結果沒有得逞。阿拉伯集中兵力分兩路大舉進攻，主力從西面渡過厄波羅河，沿潘普洛納向北，過比達索阿河，進入加斯科涅，再從那裡向北運動，以保障主力部隊的成功。另一支獨立分隊，則從東南向北，以隆河下游出口處的亞爾為打擊目標，目的是在亞奎丹製造恐怖氣氛，吸引牽制敵人，保障西路主力的襲擊成功。

西路由西班牙總督阿卜杜拉赫曼率領，發展順利。在加龍河下游的波爾多擊潰歐多的抵抗，波爾多城被搶劫一空。接著分兵出擊，連渡加龍河和多爾多涅河，向北並到達圖爾以南約

95 公里的普瓦捷城。歐多無力抵抗，節節敗退，無計可施，他決定向法蘭克人求和，藉助其兵力向阿拉伯人進攻。

原來，歐多是法蘭克人。西元 6 世紀中葉，法蘭克王國東征西戰，勢力強盛，其疆域南至庇里牛斯山，東至萊茵河東，成為西歐日耳曼人最強大的國家。後來隨著封建貴族權力的成長，王朝開始衰頹，一切大權實際落入宮相之手，國王徒擁虛名。國家分裂為奧斯特拉西亞、紐斯特里亞等幾部分。

就在此期間，法蘭克出現了一位傑出的宮相，名叫查理‧馬特。他重新統一法蘭克，穩定奧斯特拉西亞的統治權，統一了紐斯特里亞，並征服了撒克遜人、日耳曼人和多瑙河流域，鞏固了東北邊疆，保障無後顧之憂。

西元 731 年，查理‧馬特率領一支軍隊從奧爾良渡過盧瓦爾河，進入貝里地區。這時，阿拉伯軍隊正忙於搶劫，同盟軍統帥、西班牙總督阿卜杜拉赫曼聞訊後，立即命令部隊退到普瓦捷城附近。

歐多得到查理‧馬特的支援後，急於交戰。但是，具有傑出指揮才能的查理‧馬特知道阿拉伯人的弱點。他阻止歐多的行動。他認為，阿拉伯人前進時，不能太早發動攻擊，一定要忍耐。因為他們由於對財物的貪欲所激發的信心和勇氣，就像洪水一樣難以抵擋。等到他們滿載而歸時，就無鬥志了，這時再攻擊就有成功的希望。

阿拉伯人由於滿載所劫物品，使其背了沉重的包袱，喪失了機動性。阿卜杜拉赫曼一度曾想放棄這些戰利品，但他的部下不肯服從命令，這樣只好一邊把戰利品南撤，一邊組織力量準備戰鬥。查理‧馬特也展開了隊形，因為民兵尚未到達，也就沒有主動進攻。兩軍對峙了七天。

　　法蘭克軍隊主要依賴步兵。他們的部隊分為兩類：一類是主將的私人部隊，軍事素養好，受過嚴格訓練，參加過多次戰鬥；另一類是強召來的當地民兵，他們裝備不全，沒有經過訓練，說不上有什麼紀律，主要任務是搜尋糧秣，保障供給。法蘭克軍隊的兵器主要有刀劍、匕首、標槍和戰斧。主要的防護武器是防盾和裝甲。阿拉伯軍隊大部分是騎兵，慣用矛、劍，很少使用弓箭和甲冑。他們沒有後方補給，主要靠以戰養戰，戰術上靠野蠻的硬衝和勇敢精神。

　　西元 732 年 10 月間，阿拉伯人把戰利品順利地撤到南邊，阿卜杜拉赫曼便下令向法蘭克人進攻。阿拉伯軍隊是一支純粹進攻性的軍隊，沒有防禦能力。對他們來說，無論在什麼環境下，都只有進攻。法蘭克人的戰術雖然也很粗劣，但查理‧馬特是一員良將。他知道敵人的特點，採取了適當的對策。在普瓦捷以東有一條人字形三岔河，他把軍隊分為三部分，將法蘭克人的親信部將，列成一個堅強的方陣，作為核心力量，配置在人字形岔河低部中央。在其前面還展開了一列前衛步兵。歐

多的部隊和紐斯特里亞的部隊，分別配置在人字形岔河的左右兩側。法蘭克人夾水而戰，主力又背水而戰，地形似乎極為不利，而阿拉伯軍隊的陣勢是在小高坡上展開的，倚山俯瞰，地形有利。

戰鬥開始後，阿拉伯人照平常的慣例，以猛烈的騎兵攻擊作為會戰的序幕。配置在中央陣線前面的法蘭克前衛步兵立即上前迎戰，後面的方陣隊形跟隨向前。阿拉伯騎兵的猛烈攻擊迅速突破前衛步兵，接著就向方陣衝去。阿拉伯騎兵竭力衝殺，企圖打亂陣勢。但不管阿拉伯騎兵怎樣衝殺，法蘭克的方陣仍有條不紊地保持其隊形。不僅如此，他們還不斷反擊，用刀劍砍斷阿拉伯騎兵的馬腿，刺殺士兵。

黃昏時分，阿拉伯人已經發動多次攻擊，一直都沒有衝破這堅固的方陣，而歐多率領的亞奎丹部隊，這時繞過阿拉伯軍側翼，渡過小河，突然出現在他們背後，呼喊著向他們衝去。正在緊張鏖戰的阿拉伯人突然聽到後面的呼喊聲和砍殺聲，頓時驚慌起來。查理・馬特看到阿拉伯軍隊已經混亂，便下令：「進攻的時候到了！」隨後，法蘭克人的方陣步兵從正面轉守為攻，歐多的部隊從背後向前衝殺，全軍士氣高昂。

阿拉伯人前後受敵，難以應付，遂想奪路而逃，退向營地。此時，處在右翼的紐斯特里亞軍隊，也向阿拉伯人的營地進攻。他們襲擊營地，殺死了總督阿卜杜拉赫曼。時至天黑，

當阿拉伯人退到營地時，看到他們的統帥已被殺死，就放棄營地逃走了。查理・馬特沒有派兵追擊。

關於此戰雙方損失的情況，相關記載很不可信。據記載，阿拉伯人被殺的竟達 36 萬人，而法蘭克人的損失才 1,500 人。但不管怎樣，普瓦捷之戰制止了阿拉伯人繼續向歐洲的推進，迫使其退回庇里牛斯山以南，打破了阿拉伯人企圖控制整個地中海的計畫。因此，普瓦捷會戰，是歐洲史上一次決定性的會戰。

收復失地運動

　　阿拉伯 —— 摩爾人征服了伊比利半島後，占領了半島上3/4 的地區，將西哥德人、蘇維匯人及汪達爾人等驅趕到西北部狹隘的山區地帶。

　　伊比利半島在阿拉伯 —— 摩爾人統治下，經濟上發生巨大的變化。舊卡斯提亞高原缺乏天然資源，而且氣候變化較大，由於季風帶關係，故雨量稀少，土地乾燥，各地僅僅生長雜草與灌木。新卡斯提亞高原地區，在馬德里東南有西班牙中央草原，而在南方又有阿拉伯人稱之為「焦土」的拉曼查荒漠，西方則是有名的埃斯特雷馬杜拉草原。至於天然森林皆因發展畜牧業而被砍伐，僅僅在大西洋岸的山脈腹地還存有一些森林。因此，大部分土地只適宜畜牧業。但阿拉伯 —— 摩爾人憑著他們吃苦耐勞的精神，修建大型水利灌溉系統、引卡斯提亞與亞拉岡高原的水源，以澆灌其不毛之地，進行深耕細作。他們引進東方大量農作物及經濟作物，結果把荒野都變成了五穀豐登的良田。尤其是在安達魯西亞平原，也由於阿拉伯 —— 摩爾人的努力開墾、耕耘，在格拉納達、莫夕亞、瓦倫西亞等地，栽桑養蠶，使其所紡織的絲絹，成為歐洲最優質的紡織品，遠銷歐洲及近東各地。他們還在半島中部和北部，用非洲良種綿羊，

發展起養羊業及其他畜牧業來。摩爾人還開發其征服地的豐富礦產資源。阿拉伯——摩爾人就這樣推動了半島上廣大地區社會、經濟的發展，讓它成為中世紀歐洲的「地上天堂」。

阿拉伯——摩爾人發展了半島社會經濟，也提升了這裡的文明水準。如當時的首都哥多華，是這個時期歐洲的一盞明燈。在十世紀時，這裡有居民 113,300 戶，約 50 萬人。埃米爾（總督）在此創辦免費高等學校 27 所，並在最大的清真寺裡創辦起在歐洲居於優越地位的哥多華大學，吸引歐洲許多信仰基督教及伊斯蘭教的學生來此讀書。而在這所大學裡收藏著 40 萬冊圖書，許多書籍都是珍本。這裡建有清真寺 700 座、公共澡堂300 所，還有鋪砌長幾英里的街道，從路旁小屋裡射出的燈光，把大街照得通明。而「七百年後的倫敦還連一盞路燈都沒有」、「在巴黎，過了幾百年之後，下雨天如果有人敢出門走一走，街上的爛泥還會讓他的兩腳陷到踝骨」，這是兩種多麼鮮明的不同圖景！這裡的哈里發宮廷是全歐最富有魅力的宮廷之一，哥多華的華麗僅次於巴格達和君士坦丁堡，成為世界三大文化中心之一。伊斯蘭教統治下的西班牙，是當時阿拉伯天文學家、數學家、醫學家、文學家和詩人以及地理學家薈萃的地方。因此，西班牙半島在伊斯蘭教統治下，不僅是歐洲物質財富的「天堂」，更是精神文明的寶庫，成為歐洲最繁榮富庶的地區。

但是，隨著哈里發國家封建經濟的發展，各種社會矛盾也

日益激化。伊斯蘭封建領主對被征服地區人民的封建剝削、民族壓迫和宗教歧視大大增強。被征服地區的基督教徒在被迫成群結隊地皈依伊斯蘭教後，仍然遭到種種不平等的待遇。在哈克木一世統治時期（西元 796 ～ 822 年），因其放蕩不羈、酷愛狩獵和狂飲，敗壞朝政，使局勢發生劇變。人民不僅反對這位埃米爾的荒淫生活，還反抗其禁衛軍的殘暴橫行。於是從西元 805 年開始，新穆斯林首先揭竿而起，隨後，反對哈克木暴政的起義在新穆斯林居住區裡，接二連三地持續發生。這一系列起義雖告失敗，但埃米爾的統治地位受到沉重打擊，使阿拉伯 —— 摩爾人統治者的政局十分混亂。早在 732 ～ 755 年，共短短二十三年期間，西班牙的省長就更換達 23 次之多。而在人民紛紛起義後，這種情況更趨於嚴重了。

由於封建土地所有制的發展，地方的封建割據勢力迅速成長。到了 11 世紀上半葉，強大的埃米爾國家已經變得四分五裂，這時在半島南方的許多城市或省區裡，出現了 23 個封建小國家，其創立者都是一些首領和小王公。他們之間互相殘殺，弄得精疲力竭，兩敗俱傷，大大削弱伊斯蘭教國家的統治力量，推動了被統治者起來反抗、鬥爭。

在這期間，統治階級的政治危機迭起，統治地位極不穩固。在西班牙半島的穆斯林統治者的內部，和東部哈里發國家一樣，在封建制度發展中，內部矛盾不僅表現在不同教派之間

的尖銳鬥爭，還表現在宮廷內部的陰謀、暗殺和發動政變……種種形式的複雜鬥爭。如西元 1232～1492 年的 260 年間，共有 21 位蘇丹（伊斯蘭國家的統治者頭銜）在位，其中有 6 位曾經上臺兩次，有一位稱為穆罕默德八世者，則曾上臺三次（西元 1417～1427 年、1429～1432 年、1432～1444 年）。這是統治者內部矛盾尖銳化的典型事例。這種王朝內部鬥爭的表面化，促使伊斯蘭教的統治地位危殆，從而推動並加速了基督教國家起來為收復失地而鬥爭的歷史過程。

西班牙自西元 8 世紀被阿拉伯 —— 摩爾人征服後，西哥德人、蘇維匯人和汪達爾人被驅趕到西北部邊陲地帶，建立起阿斯圖里亞斯王國，占有半島面積 1/4 的貧瘠土地。他們念念不忘奪回失去的祖先土地。埃米爾國家的繁榮富庶，早就引起這些基督教徒的羨慕、妒忌，阿拉伯社會的動亂，更為他們造了一個可乘之機。隨著國家人口的成長、農業生產的發展，特別是畜牧業經濟的成長、牛羊迅速繁殖，迫切需要擴大牧場的面積。畜牧業是新、舊卡斯提亞和亞拉岡廣大地區最重要的經濟，所以這就成為推動基督教徒要從阿拉伯人手中奪回被侵占土地的主要動因。

在北方逐步形成的一系列基督教小國，以地處西北隅的阿斯圖里亞斯為基地，不斷向阿拉伯人反攻，逐步蠶食埃米爾的統治地盤，並先後在半島的中北部建立起納瓦拉、雷昂、卡斯

提亞和亞拉岡等封建國家。其封建政權逐步強化，開始加緊向阿拉伯人奪取土地，進一步擴大其封建領地。

科瓦東加戰役後的收復失地過程

收復失地運動始於西元 718 年科瓦東加戰役。在這次戰役中，西哥德人後裔的領袖佩拉約在科瓦東加的山隘對阿拉伯人發起突然襲擊，殺死大量伊斯蘭教徒，並俘獲一大批戰俘，阻擋了穆斯林繼續北進的道路，儲存了北方山區中基督教的最後勢力。以科瓦東加戰役為起點，伊比利半島上的基督教徒在「十字架反對彎月旗」的聖戰幌子下，開始了長達八百年的收復失地運動。這次運動是基督教封建領主領導下進行的西班牙人民反侵略、反奴役的鬥爭，它的主力軍是農民、手工業者和市民。半島上幾乎所有基督教人民都參加了運動。但是，基督教徒的鬥爭經歷了多次的反覆，鬥爭的道路相當曲折。

西元 8 ～ 9 世紀是收復失地運動的第一階段。這是運動的動員和開始階段。科瓦東加戰役的勝利，大大鼓舞了基督教徒的反抗鬥志。此後，基督教的阿斯圖里亞斯王國在阿爾方索三世時，不斷蠶食穆斯林占領地，使自己的勢力得以逐步擴大。

從西元 10 世紀初開始，恢復失地運動進入一個重要的發展階段。

西元 10 世紀初，阿斯圖里亞斯王國擴張領土後，分裂為雷昂王國和卡斯提亞王國，其後它們又重新合併為強大的卡斯提亞王國，這個王國在運動中發揮主要的作用。在半島東部形成了加泰隆尼亞與亞拉岡和納瓦拉國家。1137 年，加泰隆尼亞與亞拉岡合併為亞拉岡王國。11 世紀末年，在卡斯提亞王國西面興起了葡萄牙伯爵領地。1139 年，葡萄牙伯爵大敗摩爾人，被軍隊擁立為國王，稱阿爾方索一世，他繼續擴大勝利，於 1147 年定里斯本為首都。三個國家好像三把利劍，刺向南方伊斯蘭教埃米爾國家的統治心臟，推動了收復失地運動的迅速進行。

西元 11 世紀，在穆斯林的埃米爾國家分裂為許多小國後，雷昂王國的阿爾方索六世帶頭反對異教徒，憑藉其強大的國力，團結南北方的基督教徒力量，幾乎將穆斯林完全征服，獲得了收復失地的巨大勝利。後來，西班牙的阿拉伯人向非洲狂熱的阿爾摩拉維德派的穆斯林求援，結果暫時遏止住阿爾方索六世的反攻。然而阿爾方索六世在不久後又繼續向前推進，擴大征服地區。沿大西洋南下，奪取了太加斯岸的里斯本、辛特拉及聖塔倫等地，並向半島的中部及東部不斷蠶食，擴大占領地區。而在他長期收復失地的鬥爭中，法蘭西的勃艮第公國等外國基督教軍隊，因垂涎於穆斯林國家的財富和戰利品，也在「十字架反對彎月旗」的幌子下，紛紛前來投效，加速並擴大其反阿拉伯人鬥爭的戰果。可是，在這位基督教國王逝世後，國

內發生內亂，阿拉伯人又乘機反攻，收復失地運動又經歷了一次曲折。

西元 13 世紀是收復失地運動的關鍵時刻。自從 12 世紀中葉，新的征服者阿爾摩哈德人由北非來西班牙代替阿爾摩拉維德派穆斯林之後，他們向基督教國家發動強大的反攻，像其先輩一樣，蹂躪許多地方。這樣，「十字架反對彎月旗」的鬥爭，終於形成了 1212 年拉斯納瓦斯·德·托洛薩地方的大決戰。這時正是教皇依諾增爵三世當政時期，教皇權力達到登峰造極的地步。他號召歐洲各國發動十字軍，以支援西班牙的基督教國家共同反抗穆斯林。托勒多大主教身為信使，奔走於歐洲各國宮廷，請求各國王公貴族組織十字軍。英、法帶頭派遣大軍到達，組成基督教聯軍，由卡斯提亞國王阿爾方索八世率領，對穆斯林發動攻擊。雙方於 1212 年 7 月 16 日，在哥多華以東 70公里的拉斯納瓦斯·德·托洛薩小山丘進行決戰，納瓦拉和亞拉岡國王率領西班牙大軍，從右翼和左翼配合阿爾方索八世作戰。而大主教羅德立哥則千方百計地鼓舞士氣，大聲疾呼：「教友們，讓我們為聖戰而犧牲在這裡吧！」經過一場血戰之後，哈里發穆罕默德·納西爾（西元 1199 ～ 1214 年）所統率的 60 萬大軍，倖存而遁逃者僅有 1 千人，幾乎全軍覆沒，其中陣亡者達 10 萬以上，其餘則被俘獲，哈里發本人逃脫。

西班牙諸基督教國家在聯合反攻穆斯林的同時，他們之間

也在進行你死我活的爭奪。基督教徒的內部兼併與反穆斯林鬥爭互相作用，推動了西班牙各國的合併與統一。拉斯納瓦斯‧德‧托洛薩戰役尚未結束，西班牙北方各基督教王國之間就展開了激烈的火拼，最後僅剩下亞拉岡、卡斯提亞和葡萄牙三個王國。其中亞拉岡王國占有了加泰隆尼亞、馬約卡島、梅諾卡島和瓦倫西亞等地區，在半島的東海岸具有極大的勢力；而卡斯提亞王國則併吞了雷昂王國，從半島的中央向南逐漸伸張勢力，先後從穆斯林手中奪回了哥多華、塞維亞、莫夕亞、直布羅陀等地，從三面包圍了保留在穆斯林手中的狹小而又極強固的格拉納達王國。從 12 到 14 世紀期間，卡斯提亞與葡萄牙不斷發生爭奪領土的戰爭。

阿拉伯 —— 摩爾人自拉斯納瓦斯‧德‧托洛薩戰役遭到慘敗後，再也無法恢復元氣，收復失地運動的歷程大大地加快了。到了 13 世紀末年，阿拉伯人只剩下南部彈丸之地 —— 格拉納達，這是半島上最富庶的地區，阿拉伯人憑藉內部雄厚實力，依靠外部非洲穆斯林的支援，負嵎頑抗。基督教國家的收復失地運動，最後再一次經歷艱難曲折的道路。

15 世紀末葉，西班牙王國占領格拉納達，奪取反侵略鬥爭的最後勝利。

穆斯林統治下的格拉納達憑藉有利條件，利用基督教國家內部矛盾，不但長期負嵎頑抗，而且還不斷侵襲基督教國家，

阻礙其最後收復失地，完成統一事業。15 世紀中葉，卡斯提亞王國成為雄視半島的頭等強國。但在西元 1454 年名王駕崩後，因長子亨利四世與次子阿爾方索爭奪王位進行內戰，前者統治托雷多以北各城市及地方，後者則占有托雷多、哥多華、布哥斯、塞維亞等南部城市。這就讓卡斯提亞王國陷於分裂狀態，兩王互相爭戰，全國處於一片混亂之中。這時，格拉納達王國的阿拉伯 —— 摩爾人伺機準備大舉反攻，力圖拯國家於危亡，伊比利半島大有被穆斯林重新征服之危。

可是，隨著卡斯提亞公主伊莎貝拉與亞拉岡王子斐迪南的聯姻（西元 1469 年），兩個王國合併為西班牙王國。這種中央集權化的國家的建立，使王權空前強大，國力大為增強。與此同時，格拉納達王國在其首都格拉納達雖然擁有人口 25 萬、駐有精兵 5,000，兵精糧足，為西班牙各基督教國家所望塵莫及，但其國王哈桑父子之間爭奪王位，骨肉相殘。哈桑死後，他的弟弟葉茲扎噶爾繼位。叔侄之間糾紛不斷，鬥爭十分劇烈。這種客觀局勢，為西班牙王國完成收復失地大業，創造了可能性與現實性。

西班牙國王斐迪南與女王伊莎貝拉利用格拉納達王國內亂及其國王哈桑擾亂邊境（西元 1481 年）之機，由加的斯侯爵攻陷格拉納達要塞阿拉瑪，建立了進軍格拉納達的前哨，鼓舞了西班牙人民最後收復失地的熱情和信心。翌年，國王及女王雖

數度率領空前龐大的精兵親征，但因格拉納達新王葉茲扎噶爾既英勇善戰，又深得民心，使西班牙軍雖付出高昂代價，仍屢遭挫敗。而且，正當西班牙軍隊攻陷馬拉加之際，原亞拉岡王國威雷那侯爵伺機起兵作亂，致使國王與女王不得不分兵回國平定內亂，使反攻局勢一度停頓。

在格拉納達方面，因王室成員之間發生衝突，以至於演變成內戰，抗擊西班牙實力大受影響。斐迪南伺機加緊進攻，使西班牙在西元 1492 年獲得了最後的勝利。

收復失地運動是在雙方都以宗教鬥爭為外衣和爭取外來援助的情況下，經歷上述反覆、緩慢又曲折的鬥爭道路而完成的，它構成這個運動的另一個重要特點。

歐洲大學的興起

　　中世紀的西歐文化教育相當落後，完全被教會把持。教會為了加強封建統治，避免任何反抗意識的產生，有意讓民眾處於長期愚昧之中。他們利用宗教，在人們精神上造成一種強大的壓力，禁止一切與宗教神學相違背的精神文化滋生。教士們刮去古代羊皮紙手稿上的學術著作，改為抄寫文字不通的宗教神話；教會開列大批禁書目錄，封鎖、禁錮文化傳播：更有甚者，西元 391 年，主教竟下令燒毀了藏書幾十萬冊的亞歷山卓圖書館。這是一座古典文化寶庫，它收藏了古代希臘、羅馬學者多少年累積下來的智慧和心血的結晶，卻被一把大火化為灰燼。主教曾公然宣稱：「不學無術是信仰虔誠之母。」結果，在中世紀初期，不僅普通百姓全都是文盲，王公貴族也都粗魯無知。社會上只有少數高階教士，因閱讀《聖經》和宣傳教義的需求，學會拉丁文。當時，西歐各國的政府文書、外交書信，也都用拉丁文書寫。

　　教會是中世紀初期唯一設有學校的地方，學生主要是教會人士。教會學校的培養目標僅僅是訓練為教會服務的工具，為封建統治階級培養人才。在教會學校裡學「七藝」，即：文法、修辭、邏輯、幾何、數學、天文和音樂。從形式上來看，似乎

這些課程也是文理全科，但實際上，這七門學科只為了一個目的——宣傳宗教教義，為宗教神學服務。七門學科也只有唯一的一本教科書——《聖經》。因此，七藝中的文法，是為了明白《聖經》的語法；修辭是訓練傳經布道的辯才；邏輯是為了在與「異端」詭辯中，進行形式推理和論證神學命題；數學是為了論證《聖經》中的相關數字；幾何是為了說明地球不是圓的，而是浮在水上、扁平的一片，以及有助於教堂的建築；天文是要說明地球是宇宙的中心，和為了推算宗教節日、占星卜兆；音樂則是為了演唱讚美詩……等等。總之，各科無不是為宗教服務，充滿了宗教神學的性質。無怪當時的教會要說：「科學是宗教的僕人。」這樣的文化教育，我們不難想像中世紀初期的歐洲，人們是生活在怎樣的黑暗之中。他們除了《聖經》，不知還有其他書籍，更不知還有文學、藝術、科學，粗魯、愚昧，虔誠地信仰上帝。

但是，隨著歷史的發展，中世紀的歐洲社會發生了重大變化。10 世紀左右，阿拉伯人征服西班牙，把許多古代東方文明的精華帶到西歐。阿拉伯人在西班牙興辦學校，講授《古蘭經》，學習文學、數學、醫學和天文學等自然科學，並建立了圖書館。西班牙成為當時歐洲的文化中心，它的學校曾吸引大批歐洲青年。另一方面，大規模的十字軍東征，在客觀上帶給歐洲文化影響。十字軍騎士們接觸到東方文化，也掠回許多技藝

高超的手工藝人和博學多識的拜占庭學者。東方的文明和東方的豪華、奢侈，以其神奇的魅力展現在西歐人面前，讓他們感受到基督教世界之外的生活。於是，非基督教文化的滲透、掌控文化的非基督教人士的出現，使中世紀早期教會壟斷文化的局面，開啟了缺口。特別是 11 世紀以來，西歐社會經濟發展，陸續產生一些以工商業為主的城市，隨之出現了一個新的、工商業者組成的市民階層。他們力圖從封建領主的壓迫下解放，在政治、經濟方面獨立自主。他們需要新的文化生活，迫切要求自己掌控文化，提高文化程度，再也無法容忍教會對文化教育的壟斷。

因此，為適應市民生活的需求，並為他們培養掌握文化知識的人才，最早在義大利城市，接著在西歐其他城市，相繼出現一批不受教會控制的城市學校。這些城市學校大都教授「羅馬法」，因為「羅馬法」重視主權和產權，符合當時政治、經濟的需求。城市學校可以說是中世紀大學的先驅。

大學（由拉丁文的「聯合」一詞引申而來），是中世紀西歐開始建立的高等學校。11 世紀末，在義大利波隆納法律學校基礎上形成的波隆納大學，是中世紀西歐的第一所大學。12 世紀，法國巴黎大學，英國牛津大學相繼出現。13 世紀時，西歐各大城市紛紛創立大學。義大利的薩萊諾大學、巴勒摩大學、西班牙的薩拉曼卡大學，德國的海德堡大學，法國的奧爾良大學，

英國的劍橋大學……等，都是在這個世紀創立的。到 15 世紀，歐洲已有 40 多所大學。

巴黎大學是西歐中世紀大學的典型。它形成於 12 世紀前半期。西元 1200 年，經法蘭西國王腓力二世頒發詔書批准而正式誕生。巴黎大學集中了來自歐洲各地的求學者。據說有個時期，巴黎大學的學生達五萬人之多。這主要是由於巴黎大學和中世紀西歐其他大學一樣，一律使用拉丁語教學，所以它能接納歐洲各國通曉拉丁語的學生。

巴黎大學不僅由學生和教師聯合組成，且為它服務的人，如書販、信差、藥商、抄寫人，甚至旅店老闆等，都算是大學的成員。教師和學生們有各自的組織。教師，按照他們自己的才能，也就是能教某種學科的能力，分別結合成不同的團體，它相當於現代大學中的「系」（是從拉丁語「才能」一詞轉化而來），而從中選出的「首席」或「執事」，就是後來所稱的系主任。各系的教師必須是已經獲得學士、碩士或博士學位的人來擔任。來自各地的學生，按鄉土組成同鄉會，稱為學館。巴黎大學最初有諾曼第、英格蘭、高盧和皮卡第四個學館。每個學館都有自己的宿舍、食堂、小教堂以及舍監和導師。這種學館後來發展成為學院，它的名稱一直沿用到現代。

當時，巴黎大學設有四個學科：文藝、醫學、法律和神學。文藝學科是初級科，學「七藝」，它的內容與教會學校的「七藝」

大不相同。語法，包括拉丁語和文學；辯證法，即邏輯學；修辭，包括散文、詩的習作和法律知識；幾何，包括地理和自然歷史；天文學，包括物理學和化學；還有算術和音樂。這個學科人數最多，修完後可以得到學士學位。其他三個學科是高階科，只有初級科畢業的學生才能進入，修完後可以獲得碩士學位。不過在中世紀，想獲得學位是一件很複雜的事。在上大學的人中，往往只有 1/3 的人獲得學士學位，而獲得碩士學位的僅占 1/16。其餘離開大學的人，根本沒有獲得任何學位，只滿足於他們在初級科學到的知識。中世紀大學各科的學習年限較長，文藝科一般要學五～七年。其他三科，每一科也要學習五～七年。學習年限之長，往往也限制學生不能修完各門學科。

中世紀大學的學習方式主要是聽講、記筆記和參加辯論會。教材多是古代傳下來的一些名著。每天清晨，學生們到教堂做完彌撒，就去教堂上課。教師一邊誦讀教材，一邊加以解釋，不允許學生懷疑，也極少實驗。即使是醫學教學，也不進行活體解剖，更絕對禁止做人體解剖，教師只能從阿拉伯的醫書上引用某些解剖學知識。辯論是大學學業最重要的部分，也是中世紀大學生習以為常的活動。所有獲得學位的學生，都必須經過公開答辯，來證明自己獲得這個學位的權利。巴黎大學組織辯論會，主要是本校師生參加，有時也邀請其他大學的教師來辯論。辯論時，辯論者提出某些命題，聽取反對意見，並

駁斥這些意見。當時，很多參加辯論者達到了較高的水準。例如：有一次，一個英國牛津大學出身的碩士來巴黎大學參加辯論會，他聽取了二百多條反對意見，竟能全部當場記住，並且立即依次加以反駁。辯論會常常是在熱烈的氣氛中進行，當辯論達到高潮時，激動的雙方面紅耳赤，甚至會扭打起來。

巴黎大學創立初期，校內行政管理具有較濃厚的民主氣氛。學生和教師之間都是相當民主的，享有同等權利，並共同選舉大學校長。學校由校長領導，不受任何上級管轄。這種大學自治的特點，恰恰表現了它是城市市民反抗封建教會鬥爭的產物。

但是，教會極端仇視這種不受其管轄的世俗大學。它無法容忍文化知識在人們之間傳播，啟迪人們的心靈。因此千方百計運用宗教權力將教會勢力滲入大學，並殘酷迫害那些主張不依賴神學而獨立研究學術及哲學的教師。一些勇於提出與教會不同的觀點，並堅持自己觀點的學生和教師，被教會法庭處以火刑，甚至活活打死。到 13 世紀中期，巴黎大學已完全為教會所操縱，其他大學也難逃此運。許多具有自由思想的教師不是被驅逐出去，就是慘遭迫害。學校的教師多由教士擔任，他們講授的課程多從《聖經》中引來，並不是真正的知識。從此，在大學裡占主導地位的是輕視經驗、崇奉教會權威、壓制自由思想的經院哲學。只有醫學、法學等實用學科未被排斥。

儘管如此，西歐中世紀大學的出現，依然是世界教育史上一個具有劃時代意義的重大歷史事件。它雖未能徹底擺脫宗教勢力的約束，但世俗大學畢竟不同於教會學校，學生來源廣泛，教師也不是清一色的神職人員。它的出現，意味著對宗教獨占文化教育內容的一種突破。

十字軍東征歷程

　　11 世紀的西歐，城市興起，商品貨幣關係逐漸發展，封建貴族對城市商品和東方奢侈品的需求日增，從領地上剝削所得，已無法滿足他們日益擴大的胃口。當時西歐實行長子繼承制，封建領地由長子繼承，其餘諸子成為無地騎士，常靠服軍役和劫掠商旅維生。因此，封建領主，尤其是小封建領主，渴望向外奪地掠財，那神話般富庶的東地中海各國，就成為他們夢寐以求的寶地，這是導致西歐封建領主階級主動十字軍東侵的根本原因。

　　在十字軍遠征中，產生特別重要作用的是西歐天主教會。它不但是西歐封建社會的精神支柱和最大的封建領主，而且在封建割據的西歐，它又是巨大的國際中心。教皇企圖透過發動東征，一箭三鵰：爭奪封建霸權，進一步凌駕於西歐各國君主之上；重建統一的基督教世界；擴張到伊斯蘭教勢力範圍裡。

　　西歐城市商人，特別是威尼斯、熱那亞和比薩的商人，企圖從阿拉伯和拜占庭手中奪取地中海東部地區的貿易港口和市場，獨占該地區的貿易，也積極參與十字軍。

　　11 世紀西歐的農民，大都淪為農奴和依附農民，封建領主

胃口的擴大，讓他們受到更加苛重的剝削與壓迫。另外還受到持續災荒的困擾，11 世紀的法國，就有 26 個荒年。第一次十字軍遠征前，西元 1089 ～ 1095 年，西歐又連年歉收。瀕臨死亡的農民被騙往東方，夢想尋找擺脫飢餓和封建枷鎖的出路。

這時，地中海東部地區的客觀形勢，有利於西歐封建領主實現其侵略計畫。塞爾柱突厥人興起後，於西元 1055 年占領巴格達，並解除阿拔斯哈里發的政治權力；又於 1071 年，在曼齊刻爾特大敗拜占庭軍隊，俘獲皇帝羅曼努斯四世，實際上摧毀了拜占庭在小亞細亞的權力。接著，突厥人又奪取埃及法提瑪王朝的領地敘利亞和巴勒斯坦，並占領大部分小亞細亞。突厥人在小亞細亞建立魯姆蘇丹國，定都尼西亞（後遷愛科尼阿姆），他們的前哨與君士坦丁堡隔岸對峙，一葦可航，嚴重威脅拜占庭帝國。80 年代末，突厥人的另一個部落、北方的佩切涅格人與拜占庭國內異端者的反抗運動聯合在一起，於 1086、1088 年在多瑙河附近，先後大敗拜占庭軍隊，進而騷擾色雷斯。1091 年，佩切涅格大軍直逼君士坦丁堡城下，塞爾柱突厥人準備與他們聯合行動。儘管佩切涅格人後來吃了敗仗，但拜占庭岌岌可危的處境，迫使皇帝阿歷克塞一世（西元 1081 ～ 1118 年）不得不派遣使臣向教皇和德國皇帝求援。至於塞爾柱突厥人的強盛，為時並不久，1092 年開始分裂為摩蘇爾、大馬士革、阿勒坡、安條克和的黎波里等幾個總督區，它們之間互相敵視，干戈擾攘，無力阻止西方侵略者的進攻。

第一次十字軍遠征

耶路撒冷是歷史上有名的宗教聖地，世界上較有影響力的猶太教、基督教、伊斯蘭教，都把它奉為各自宗教的聖地。猶太教徒宣稱，所羅門王曾在耶路撒冷建造聖殿，它是猶太人朝拜的中心；伊斯蘭教徒認為自從他們定居耶路撒冷後，不僅建造了清真寺，據說穆罕默德還在此地昇天；基督教信徒則深信，為他們受盡苦難的耶穌，就是在此地被釘死在十字架上的。為爭奪這塊聖地，或者更明確地說，是為了爭奪這塊遍地是「奶和蜜」的肥沃土地，古代的巴比倫人、羅馬人都曾在這裡留下征服者的腳印，耶路撒冷幾度化為廢墟。11 世紀，歐洲的大封建領主和羅馬教廷又在「拯救」聖地的名義下，號召基督教徒去奪回「主」的墓地——被伊斯蘭教徒控制的耶路撒冷，發起了對東方的侵略戰爭。這就是歷史上有名的、歷時兩個世紀之久的「十字軍」東征。「十字軍」，因其每個戰士都以衣服上所縫的十字為標記而得名。表面上，十字軍進攻東方是一場宗教戰爭，即基督教徒反對伊斯蘭教徒，「十字架反對彎月」，實際上它是一場以掠奪為目的的侵略戰爭。

第一次十字軍遠征通往東方的路，對歐洲人來說並不陌生。按照基督教的傳說，巴勒斯坦是耶穌基督生活過的地方，也是他被釘死在十字架上的地方，基督的墳墓就埋在耶路撒冷。所以基督教徒把巴勒斯坦視為「聖地」，每年都有大批善

男信女，跋山涉水，到巴勒斯坦去朝聖。雖然早在七世紀，巴勒斯坦就已被阿拉伯人征服，但伊斯蘭教徒對基督教徒異常寬容。從拜占庭和西歐來的朝聖者，可以自由進入「聖地」巴勒斯坦。朝聖者往往結群同行，充塞道路，絡繹不絕。西歐的朝聖者來到東方幾乎眼花撩亂，他們看到熙熙攘攘，有數萬人口的大城市，規模超過歐洲的城市。當時西歐最大的城市，也不過幾千人。他們看見東方城市中壯麗的廟宇和富麗堂皇的宮殿，看見拜占庭和阿拉伯富有者生活的奢侈、豪華。相比之下，用粗糙、堅硬的石塊砌成的西歐中世紀城堡，黑暗、陰冷，室內陳設寥寥無幾，即使是貴族之家也很簡陋。這一切，使西歐人產生關於東方國家神話般富有的概念，激起他們強烈的占有欲望，似乎只要遠征東方，就會帶來無盡的財富。

實際上，西歐正面臨著一場嚴重的社會危機。自從封建制度在西歐確立以來，始終實行嫡長子繼承制，即封建領地只傳給領主的嫡長子，其餘各子均不得分享。結果造成社會上出現一大批既無領地，又無財產，每日無所事事，空有貴族頭銜的騎士階層。他們想維持符合貴族身分的生活，卻又身無分文。於是放縱遊蕩，攔路搶劫，債臺高築，或者是參與領主之間的混戰，成為社會一害。而且進入 11 世紀以來，西歐連遭荒年，飢餓、瘟疫流行。早已淪為農奴的西歐廣大農民，處於貧困和絕望之中，反抗情緒日增。為了緩和西歐社會內部的尖銳矛

盾，第一次十字軍東征的四位首領、封建統治者和教會，企圖禍水東引，鼓動人們把目光注向富庶的東方。農民希望在東方獲得土地和自由；騎士想在東方發財致富；占有領地的大小封建領主們，則垂涎東方肥美的土地，妄圖在那裡建立受他們支配的國家；商人們，特別是義大利威尼斯、熱那亞、比薩等城的商人，也熱衷於東征，他們希望奪取東方的港口和市場，在地中海東岸建立商站，排擠貿易上的勁敵拜占庭和阿拉伯，獨占貿易特權，因而積極贊助十字軍。羅馬教皇的野心最大，他想利用東征來提升自己的威望，樹立自己在一切基督教世界的統治，不僅企圖控制已脫離羅馬教廷、以拜占庭為中心的東正教，甚至夢想讓穆斯林改宗，歸屬羅馬教廷。而且，教皇藉口為東征募捐，乘機撈取鉅額金錢。由於在政權分散的西歐，羅馬教廷是封建勢力的中心，因而教會成為十字軍東征的積極倡導者和組織者，它在十字軍運動中，把西歐諸國各階級的分散力量組織起來，匯成一股遠侵東方的濁流。

那麼東方的情形如何呢？11 世紀的東方依然是富庶的，然而強有勢力的帝國已不存在。在來自西亞的塞爾柱突厥人的猛烈進攻下，一度聲威赫赫的阿拉伯帝國解體了，拜占庭帝國也極為衰弱。塞爾柱突厥人幾乎控制整個小亞細亞，建立起一個龐大的塞爾柱突厥帝國。但這個帝國實際上是由各自獨立的若干小公國組成的，虛有其表。而且這些小公國之間亦經常內

訌，干戈不息，自顧不暇。這就為西歐人的東侵，提供了可乘之機。11 世紀末，由於突厥人的混戰，有一些基督教會和修道院被破壞，有些富人逃到拜占庭帝國的歐洲部分，西歐的朝聖者也只能從海路去耶路撒冷。藉此機會，羅馬教廷宣傳、編造了許多關於伊斯蘭教徒的「殘暴行為」，渲染他們「侮辱」西方朝聖者的奇怪消息，為發動侵略戰爭製造藉口。恰在此時，迫於突厥人的進攻，拜占庭帝國的皇帝亞歷克塞一世求救於羅馬教皇，甚至向教皇烏爾巴諾二世表示，願將東正教重新合併在羅馬教皇統治之下。這樣，教皇發動十字軍的東侵就更加師出有名。在宗教旗幟的掩飾下，基督教徒反對伊斯蘭教徒的聖戰，好像箭在弦上，一觸即發。

西元 1095 年 11 月，羅馬教皇烏爾巴諾二世在法國中部克萊蒙召開宗教會議。這次會議規模很大，有來自西歐幾個重要國家，各階層的數千人參加。會議結束時，烏爾巴諾二世發表了慷慨激昂的演說，他向封建領主、騎士、教士和農民發出號召：停止封建混戰，到東方去和「異教徒」鬥爭，奪回「主」的墳墓，拯救聖地耶路撒冷。教皇在演說中露骨地說到：「在我們西方，土地的出產不多，你們只能勉強餬口；可是在東方，連窮人也可以過著豐衣足食的生活。東方國家的土地上遍地是蜜和乳，那裡的耶路撒冷，是地球的中心，比世界上任何地方都肥沃得多，簡直是第二天堂。在這裡悲慘貧困的人，到那裡就

會歡樂富有！」教皇富有煽動性的演說，挑起人們對宗教的狂熱，使一場侵略戰爭蒙上宗教的虔誠。激動的人們不斷呼喊著「這是上帝所願！」演說剛結束，許多人立即答應出征。狂熱的人們，爭先恐後向教皇的隨從人員領取一塊紅布做的十字，縫在自己的衣服上，視為參加遠征的象徵。教會對參加十字軍的人許願，保證他們在遠征期間可以不還欠債，由教會保護他們的家庭和財產。教會還欺騙人們，說有罪的人參加聖戰，可以得到上帝的赦免；農奴參加遠征，可以得到人身自由。

渴望擺脫封建壓迫的農民，在受到教會的煽動後，迅速集結。他們急如星火，廉價變賣僅有的財產，又高價購買路上所需物品，等不及騎士隊伍，提前數月出發。西元 1096 年 2 月，法國北部和中部以及德國的農民，在法國亞眠的僧侶隱士彼得和德國騎士窮漢華爾特的領導下，分為數隊，沿朝聖者常走的路，向東進發。這些窮困的農民幾乎手無寸鐵，拖兒帶女，沒有整齊的裝備，沒有足夠的給養，靠沿途搶劫以應急需。他們根本不知道怎麼作戰，才到小亞細亞，就被塞爾柱突厥人殲滅。農民除被教俗封建領主引上災難和死亡的道路外，沒有得到絲毫利益。

西元 1096 年秋，法國、義大利和德國西部的封建領主和騎士開始第一次東侵。他們組織嚴密、裝備精良，分別從洛林、諾曼第、法國南部和義大利南部到君士坦丁堡會合。各路騎

士共有三、四萬人，到 1097 年春才集結完畢。1097 年春，十字軍渡過博斯普魯斯海峽，踏上艱苦的征途。他們時而越過陡峭的山脈，時而穿過廣闊的沙漠。歐洲騎士身著鎧甲，又因酷暑、缺少給養，使他們生活極端困難。而且，突厥人對十字軍的入侵採「焦土政策」，沿途留給十字軍的只是一片瓦礫，並時常襲擊十字軍，騎士們不得不忍受飢渴，許多人和馬在灼熱的陽光下倒斃。雖然在進軍途中，十字軍占領了小亞細亞的一些城市，特別是大肆搶劫了突厥人的重要城市安條克。但是，十字軍也遭到嚴重挫折，隊伍減員，有的陣亡，有的回鄉，戰鬥力不斷削弱。直到 1099 年 7 月，十字軍才到達它東侵的目的地 —— 耶路撒冷。當時城內只有一千守軍，全城軍民堅守城池。十字軍騎士把耶路撒冷團團圍住，用攻城機、木梯等武器猛烈攻擊，終於占領了這座聖城。城垣升起了一面面繡著十字的旗幟。

十字軍騎士以解放者的姿態進入城內。他們開始「拯救」聖地，「拯救」這裡的居民：每一個街巷都在血肉相搏，全城的金銀財寶被搶劫一空，小孩的頭顱被摔碎，隱匿在清真寺中的人也無法倖免，全城有 7 萬多人被屠殺。在令人目眩的財富面前，騎士們暴露出野蠻本性，所謂騎士風度，早已拋到九霄雲外。他們盡其所能在城內搶劫，甚至達成一種默契：誰先進入一個住宅，誰就可以獲得和占有那個住宅及其中一切東西，不

受別人侵犯。接著，他們又採取了駭人聽聞的殘忍方法：剖開死人的肚皮和腸子，從中取出死者生前吞下的金幣。因為這樣做太麻煩了，他們又把屍體堆積起來燒為灰燼，以便容易找到黃金。這就是所謂的「拯救」聖地，耶路撒冷在這些「虔誠」的教徒拯救之下，毀滅了。

由羅馬教皇煽動，對東方赤裸裸的侵略，前後共有八次，延續的時間達二百年之久。侵占耶路撒冷是其中的第一次，所以歷史上又稱它為「第一次十字軍東征」。

第二、三次十字軍遠征

西元 1144 年，突厥摩蘇爾總督伊馬德丁‧贊吉攻占埃德薩。羅馬教廷趁機煽動組織第二次十字軍遠征。

西元 1147 年夏，法、德兩國各已組成 7 萬人左右的大軍，參加者多為騎士。農民在經歷過第一次十字軍遠征的慘痛教訓後，僅數千人參加。第二次十字軍由德皇康拉德三世（西元1138 ～ 1152 年）和法王路易七世（西元 1137 ～ 1180 年）各率己部，分頭進軍。康拉德率領的德國十字軍先出動，他們越過匈牙利，經色雷斯，進入君士坦丁堡，渡過海峽後，10 月底，與愛科尼阿姆蘇丹大戰，大敗而退，德國十字軍大部分鎩羽而歸。康拉德和一些殘兵敗卒則留待路易七世隊伍的到來。

當第二次十字軍剛發動時，一向覬覦拜占庭帝國的西西里國王魯傑羅二世一方面與埃及穆斯林國家聯盟，一方面率軍占領拜占庭的科孚島（克基拉島），蹂躪科林斯和底比斯，並攻掠伊奧尼亞群島。拜占庭為對付西西里，遂與剛剛打敗康拉德的愛科尼阿姆蘇丹講和。不久之後，當法王路易七世的隊伍到達小亞細亞時，這位蘇丹又予以重創，法軍死亡過半。

西元 1148 年，康拉德和路易的殘部與耶路撒冷王國的軍隊會合。他們一道圍攻大馬士革，但未能得手。大馬士革總督使用挑撥、行賄等手段，致使十字軍潰散。康拉德和路易先後狼狽返國，第二次十字軍全歸失敗。

但東方穆斯林世界卻不斷加強並日趨統一。西元 1171 年，埃及軍事長官薩拉丁‧優素福‧伊本‧埃宥比發動政變，推翻法提瑪王朝，建立埃宥比王朝（西元 1171～1250 年），薩拉丁自立為蘇丹，他迅即征服大馬士革和阿勒坡，把埃及、美索不達米亞和北敘利亞都統一在他的指揮之下。1187 年 7 月，薩拉丁在加利利海（太巴列湖）附近的赫汀發動對十字軍的進攻。耶路撒冷國王發傾國之兵，集結了大約 1,200 名騎士、2,000 名本地輕騎兵應戰，結果幾被全殲，國王也被俘。接著，薩拉丁又攻占阿卡、貝魯特、西頓（賽達）、雅弗、凱撒利亞和阿斯卡倫等沿海城市，一舉切斷耶路撒冷與歐洲的交通。9 月 20 日，薩拉丁圍攻耶路撒冷城，10 月 2 日，耶路撒冷乞降。

薩拉丁占領耶路撒冷的消息，使西歐大為震撼，教皇烏爾巴諾三世驚懼而死。於是西歐又組織主要由德、英、法三國大封建領主和騎士參加的第三次十字軍（西元 1189 ～ 1192 年）。由德皇紅鬍子腓特烈一世（西元 1152 ～ 1190 年）、英王獅心理查（Richard I，1189 ～ 1199 年）和法王腓力二世（西元 1180 ～ 1223 年）親自率領。德皇懷著吞併拜占庭的野心，和拜占庭的近敵愛科尼阿姆蘇丹結盟，又與剛脫離拜占庭的保加利亞和塞爾維亞談判，聯合反對拜占庭。拜占庭則與薩拉丁聯盟，共同對付十字軍。第三次十字軍一開始就不順利。西元 1190 年 3 月，德皇率領的 3 萬德國十字軍進入小亞細亞。6 月，由於德皇在小亞細亞的一條小河落水淹死，德國十字軍即折返國內。英、法兩國十字軍分頭出發的時間略晚於德國，中途在西西里島又耽擱半年多，直至 1191 年春末才到達敘利亞，旋即參加東方十字軍正在進行的阿卡城圍攻戰。十字軍包圍阿卡城，早在 1189 年 8 月便已開始，英、法十字軍的到來，增加了圍攻的力量。阿卡城堅守近兩年，1191 年 7 月，十字軍在付出極大代價後才得以占領。攻占阿卡城後，由於英、法兩王之間矛盾重重，法王腓力旋即率軍回國。英王理查留在東方，雖繼續攻占雅弗和阿斯卡倫，但進攻耶路撒冷的企圖並未實現。1192 年 9 月，理查與薩拉丁簽訂和約：十字軍保有從泰爾到雅弗的沿海地帶，耶路撒冷仍歸埃及，但三年內基督教徒可自由進入耶路撒冷。第三次十字軍遠征並沒有收到多大成果。

第四次十字軍遠征

　　教皇依諾增爵三世（西元 1198 ～ 1216 年）即位不久就號召組織第四次十字軍遠征（西元 1202 ～ 1204 年），目的是埃宥比王朝統治中心的埃及。第四次十字軍的參加者主要是法、德、義的貴族，實際發揮支配作用的，卻是義大利城市威尼斯。西元 1201 年，當十字軍使者向威尼斯總督恩里科‧丹多洛商談載運十字軍前往東方的條件時，他就決定把十字軍的軍事征伐變為商業活動。當時，威尼斯與埃及商業關係密切，威尼斯向埃及大量輸出木材、鐵和武器，每年可獲利百萬，還輸入奴隸，因此丹多洛極想將十字軍進攻的矛頭，從埃及轉向威尼斯的商業勁敵拜占庭。

　　丹多洛提出按照每個人兩馬克，每匹馬 4 馬克計算，共需運費 8.5 萬馬克為條件，答應提供船隻載運十字軍。西元 1202 年，當十字軍集中在威尼斯時，人數較預定的為少，未能交足原定的款項。威尼斯就迫使十字軍進攻威尼斯的商業對手、同奉基督教的扎拉城，以其擄獲來補欠款。1202 年 11 月，扎拉城遭到極其殘酷的劫掠。

　　13 世紀初的拜占庭已經十分衰弱，為對付時常來犯的突厥人和義大利南部諾曼人等，軍費開支浩大。因十字軍諸國與東方直接發生商業關係，以及威尼斯等義大利城市共和國在拜占庭擁有極大特權……等原因，國庫收入銳減，經濟力量受到極

大破壞。政局又十分動盪，時常發生宮廷政變。丹多洛與十字軍首領孟菲拉侯爵博尼法斯就以西元 1195 年政變中的廢帝伊薩克二世之子的求援為藉口。轉送十字軍攻打君士坦丁堡，而拜占庭的衰敗不堪，使十字軍極易得手。

十字軍在城中縱火三晝夜，所有坊肆以及收藏古典書籍極為豐富的君士坦丁堡圖書館，都付之一炬。他們還姦淫、擄掠、屠殺當地民眾。據當時人記述：「他們把奉祀上帝的處女，用以滿足貪色的青年的淫慾。他們不但掠奪皇室財富，毀壞貴族和平民的財物，還一定要殘暴地打劫教會，甚至打劫教堂的用具，把祭壇上銀製飾品打得粉碎；打劫聖所，並掠走十字架和聖者的遺物。」他們把掠奪來的、不可勝數的金銀、寶石、綢緞、皮貨以及其他珍寶運回西方，其中包括極其名貴的藝術品。

隨著君士坦丁堡的陷落，拜占庭帝國大部分領土都被侵占。十字軍在巴爾幹建立起拉丁帝國（西元 1204 ～ 1261 年，為區分希臘帝國 —— 拜占庭而命名），下有帖撒利亞王國、雅典公國和亞該亞公國等三個附庸國。希臘正教被置於羅馬教皇統治之下。

在這次遠征中，獲利最大的是威尼斯。它得到拜占庭 3/8 的領土，包括君士坦丁堡的一部分，亞德里亞堡和馬爾馬拉海沿岸大量據點，還占領愛琴海上的許多島嶼和伯羅奔尼撒西南部。不久之後，又得到克里特島。

第四次十字軍建立起來的拉丁帝國，在當地人民不斷反抗下，終於在西元 1261 年滅亡，拜占庭復國。

　　繼第四次十字軍東征之後，還進行了幾次東征，沒有一次獲得成功。在當時的西歐社會，「十字軍」之名十分流行，各地兒童平日都以組織十字軍東征為遊戲。而且當時西歐民間出現一種荒謬的說法，認為有罪的人不能奪回聖地，只有純潔的兒童，才能感動上帝，出現奇蹟。西元 1212 年，在旺多姆少年史蒂芬和科隆少年尼古拉的宣傳下，法國和德國分別集中起數萬兒童。法國兒童從馬賽分乘七艘船出發，兩艘在地中海沉沒，其餘五艘開往埃及，船上兒童全被船主販賣為奴。德國兒童由科隆出發，沿萊茵河南下，越過阿爾卑斯山，沿途死亡殆盡，殘留者潰散。

　　教皇依諾增爵三世利用數萬兒童的死亡，在西元 1215 年拉特朗公會議上煽動組織第五次十字軍（西元 1217 ～ 1221 年）。1217 年，匈牙利王安德烈二世、德國和奧地利的公爵們及荷蘭伯爵，率軍東征。1218 年，安德烈抵達阿卡時，已經感到這次東征是徒勞無功之舉，遂率軍折返歐洲。其餘十字軍向埃及進軍，於 1219 年奪取尼羅河口的杜姆亞特，但在 1221 年向曼蘇拉進軍時，卻遭到挫敗。同年 8 月，雙方簽訂休戰八年和約，十字軍撤離杜姆亞特。

　　教廷把第五次十字軍失敗的原因歸於德皇腓特烈二世（西元

1212～1250 年）之未履約參加，處以「絕罰」。腓特烈二世為向東方擴張，組織第六次十字軍（西元 1228～1229 年）。教皇格里高利九世宣布禁止這次十字軍，並出兵占領腓特烈在義大利南部的領地。西元 1229 年，已經到達東方的腓特烈巧妙地利用埃及蘇丹和大馬士革總督之間的矛盾，與埃及蘇丹談判，締結條約，保證支持蘇丹，反對他的敵人；蘇丹願將耶路撒冷和拿撒勒、雅弗、西頓、伯利恆等城市交予德皇統治。嗣後腓特烈回師歐洲，驅走他領地上的教皇軍。但巴勒斯坦的十字軍在腓特烈離去後，卻勾結大馬士革的總督，對抗埃及蘇丹。1244 年，埃及蘇丹出兵，重占耶路撒冷。

埃及重占耶路撒冷後不久，法王路易九世（西元 1226～1270 年），為在地中海上擴張勢力，組織第七次十字軍（西元 1248～1254 年），遠征埃及。參加者主要是法國騎士。西元 1249 年，十字軍在埃及措手不及的情況下，突然登陸杜姆亞特，並向南圍攻曼蘇拉。但在埃及軍隊英勇抗擊下，終於大敗，被俘者萬人，包括路易本人在內。路易被迫同意歸還杜姆亞特，並交付鉅額贖金後，才被釋放。

第七次十字軍結束後不久，蒙古旭烈兀率軍西侵，於西元 1258 年占領巴格達，摧毀阿拔斯王朝，接著又攻陷阿勒坡和大馬士革。埃及部隊在大馬士革以南的地方大敗蒙古軍，隨後攻陷十字軍控制下的凱撒利亞、雅弗和安條克等地。

西元 1270 年，法王路易九世僱傭騎士，組織第八次十字軍侵入突尼西亞，但不久就因瘟疫流行，路易染疫身亡而退兵。

　　此後，儘管教皇還企圖組織新的十字軍，但都無結果。十字軍在東方的殘餘占領地如泰爾、西頓、海法和貝魯特等地，則相繼為埃及所攻克。西元 1291 年，十字軍在東方最後一個據點—— 阿卡，經埃及軍隊 43 天圍攻，也丟失了。十字軍以全部失敗而告終。

　　第四次十字軍以後，十字軍運動由高潮轉向低潮，直至終止的根本原因，除了東方人民不斷起來反抗、打擊十字軍之外，還有以下幾點：一、13 世紀的歐洲，由於生產力的成長和王權的加強，中小貴族或從農民那裡剝削到更多財富，或投身國王部下當僱傭軍人，或自行經營農牧場，不一定要冒險遠征東方。二、一部分德國騎士正在波羅的海沿岸侵略西斯拉夫人，一部分法國騎士正指向法國南部的阿爾比派（卡特里派）異端，他們就近都有了新的掠奪對象。三、西歐城市逐漸與伊斯蘭教國家建立起商業關係，不願因戰爭影響商業。四、第四次十字軍赤裸裸地扔掉了宗教外衣，徹底暴露出十字軍侵略的本質，教廷難再做大規模的宣傳鼓動。

第五次十字軍東征

　　第四次十字軍東征，建立了拉丁帝國，而置聖地耶路撒冷於不顧，十字軍在東方的根據地日益陷於累卵之危。儘管教會一再呼籲發動新十字軍，但響應者寥寥。為了掀起新的宗教狂熱，教會導演了一場惡作劇，說只有「純潔無瑕」的兒童，才能獲得神佑，憑藉奇蹟，從穆斯林手中解放「聖陵」。西元 1212 年，幾萬兒童十字軍被送上東征之途。然而可憐的孩子們，大都在途中死於非命，剩下的人被黑心的商人賣作奴隸。後來匈牙利國王安德烈二世以及奧地利公爵利奧波德六世和德國南部一些大封建領主，為了自身的利益，表示願應召出征。1217 年夏，十字軍從達爾馬提亞港埠斯巴拉托出發。

　　但是，這時敘利亞的基督教徒已不再歡迎十字軍，因為他們和穆斯林和平相處，平等交易，戰爭會破壞他們的商業利益。因此，十字軍到達東方後受到冷遇，在阿卡毫無意義地過了一年。安德烈二世知道徒勞無功，率軍回國。留下來的十字軍準備進攻埃及的商業要塞城市杜姆亞特。該城位於尼羅河三角洲的一條支流上，有三道城牆和堅固的城防設施。十字軍圍攻數月，毫無進展，一些十字軍感到失望，紛紛回國。後來由於城內發生饑荒，埃及蘇丹主動撤出杜姆亞特，十字軍進城大肆搶劫一番。西元 1221 年 6 月，十字軍進攻曼蘇拉，時值尼羅河水暴漲，十字軍營地為洪水所淹。穆斯林趁機發起反攻，並

斷其後路，十字軍進退維谷。穆斯林軍從四面八方進攻，十字軍招架不暇，瀕於潰滅。最後被迫接受和議，退出杜姆亞特，狼狽逃回歐洲。

第五次十字軍的組建困難及其失敗，說明十字軍運動已時過境遷，教廷的號召和遠征東方，已得不到眾多人的響應。特別是敘利亞的基督教徒不支持十字軍戰爭，這是導致十字軍必敗的重要原因。

第六次十字軍東征

教皇格里高利九世將第五次十字軍失敗歸罪於德皇腓特烈二世（紅鬍子腓特烈一世之孫）。第六次十字軍的首領因為在即位時曾向教皇宣誓參加十字軍東征，但即位後卻不履行誓言，憤怒的格里高利九世將腓特烈二世逐出教門，並宣布他是基督教的狡猾敵人。西元 1128 年夏，腓特烈二世為奪取耶路撒冷王位繼承權（西元 1225 年他與耶路撒冷公主約蘭德結婚），主動率軍東征，是為第六次十字軍東征的開端，但教皇不承認腓特烈為十字軍人，說他是海盜，是想「竊取耶路撒冷的野心家」。腓特烈不理睬教皇的譴責，到阿卡後就與埃及蘇丹進行談判。當時埃及蘇丹與大馬士革總督為爭奪敘利亞和巴勒斯坦的統治權進行緊張的鬥爭，無力對付腓特烈二世的進攻。1229 年 2 月，雙方締結為期十年的條約，規定蘇丹將耶路撒冷（奧馬爾清真寺

所在地區除外）及巴勒斯坦的伯利恆、拿撒勒、提爾、西頓等城市讓與腓特烈二世，腓特烈則保證支持蘇丹對其敵人（包括駐敘利亞的十字軍）的鬥爭及穆斯林在上述城市的信仰自由。這樣，腓特烈二世透過外交方式，一兵不損，順利地獲得了十字軍想得而又得不到的好處。

但是教皇不予承認，一方面宣布腓特烈的行徑是背叛行為，對聖城耶路撒冷實行制裁，即禁止耶路撒冷的基督教徒舉行禮拜。另一方面，教皇把軍隊開進南義大利腓特烈的領地。腓特烈聞訊立刻回師與教皇軍作戰，結果教皇軍被擊敗，雙方簽訂和約，教皇解除對腓特烈二世的宗教制裁，旋又批准了腓特烈與埃及蘇丹簽訂的條約。

第六次十字軍東征，就戰略、戰術而言，是整個十字軍戰爭最成功的一次，做到不戰而屈人之兵。

第七次十字軍東征

腓特烈二世在耶路撒冷的統治沒有維持多久。西元 1244 年，原本居住在裏海附近的花剌子模人（突厥人的一支）在蒙古西征的壓力下開始西遷，後來擊敗法蘭克人十字軍，侵入敘利亞。埃及蘇丹乘勢攻占耶路撒冷，聖城又回到穆斯林手中。翌年，羅馬教廷在里昂召開宗教會議，依教皇依諾增爵四世的要

求，通過了第七次十字軍東征的決議。法王路易九世為鞏固法國在地中海的地位，願意東征。1248 年，路易九世率十字軍自法國出發，到塞普勒斯島集中。路易和第五次十字軍一樣，把埃及視為首攻目標。1249 年 6 月，十字軍由熱那亞船隊送至尼羅河的杜姆亞特。由於敵方缺乏準備，十字軍很快占領這個城市。時值尼羅河氾濫期，無法繼續進軍，直等到深秋才開始向曼蘇拉進攻。路易九世被暫時的勝利沖昏頭腦，他以為敵人弱不堪擊，不等主力到達，前頭部隊就開始攻城。結果陷入敵軍埋伏，幾百騎士陣亡，路易九世之弟也在此役中喪生。路易九世率主力部隊急忙渡河馳援，在敵前背水地方紮下營寨。埃及人利用有利地形，從四面包圍敵軍，首先在尼羅河上擊沉十字軍停泊在曼蘇拉的船隻，切斷敵軍與其基地杜姆亞特的交通，斷絕糧食和軍需的供應，然後伺機發起總攻。陷於困境的十字軍，由於得不到糧食供給，士氣沮喪，全軍命運危在旦夕。路易九世被迫下令撤軍，埃及軍隊乘勝追擊，敵人潰不成軍，紛紛投降，路易九世及其兩個兄弟也成了俘虜，這是 1250 年 2 月的事，後來路易九世用 40 萬金盎司贖身，並以十字軍退出杜姆亞特為條件而獲釋。路易九世退到阿卡後，還想重整旗鼓、繼續戰爭。他派人回國召集軍隊，但無人響應。得不到增援的路易，不得不於 1254 年率領殘兵敗將回國。

第八次十字軍東征

13 世紀後半葉，敘利亞、巴勒斯坦的十字軍殖民勢力，日趨消亡。一方面，它得不到外面的支援，且統治者及十字軍將領互相敵視，彼此攻伐，耗盡力量。另方面，埃及馬木路克王朝日益強大。蘇丹拜巴爾決心消滅十字軍，收復失地。西元 1256 年奪取凱撒利亞和阿卡，1268 年占領雅弗和安條克，十字軍在東方的殖民地幾乎被消滅殆盡。法王路易九世不堪忍受當年失敗的恥辱，在巴黎召開貴族會議，決定主動請命、再次東征。1270 年，他把政事委託於重臣，親率 3 個王子、6,000 騎士和 3 萬步兵，自南法艾格莫爾特港揚帆東征。值得注意的是，這次東征事前既沒有制定作戰計畫，也沒有確定進軍目的地。直到抵達撒丁島後，才決定進軍北非突尼西亞，然後由突尼西亞進攻埃及。路易所以做出這樣的決定，是因為他在撒丁島聽說突尼西亞總督曾表示願意改宗基督教，路易打算把十字軍開進突尼西亞，對這位總督施加壓力，促使他改宗基督教的立場，然後和他結盟，共同進攻埃及。這樣，既可以擴大十字軍的力量，又可以通過突尼西亞迂迴進攻埃及，以避免重踏先年直接進攻埃及而遭致失敗的覆轍。此外，突尼西亞的富有，對路易也有很大的誘惑力量。

但是，當路易在北非登陸後，發現突尼西亞總督並不歡迎十字軍，並以重兵在首都嚴陣以待，路易九世憤怒不已，命令

軍隊圍城。突尼西亞總督與埃及取得聯絡,蘇丹拜巴爾馳軍支援,十字軍腹背受敵,損失慘重。同時,十字軍為酷暑和時疫所困,路易之愛子及其本人先後死於瘟疫,十字軍幾乎潰滅。後來安茹伯爵查理、納瓦拉伯爵率軍來援,但為時已晚。西元1270 年 10 月,查理與敵方媾和後,率軍回國。

英法百年戰爭

概況

　　從西元 1337 ～ 1453 年，英國和法國之間斷斷續續進行了長達一百多年的戰爭，歷史上稱為「百年戰爭」。一百多年時間，這場戰爭從最初爭奪王位繼承開始，逐漸演變成一場侵略和反侵略性質的戰爭。

　　英國和法國兩國王室之間，長期存在領土糾紛問題。自西元 1066 年法國諾曼第公爵征服英國，成為英國國王以來，兩國之間的糾紛就從來沒有停止過。諾曼第公爵成為英國國王後，在法國仍擁有大片領地，他的子孫透過聯姻和繼承關係，到 12 世紀中期金雀花王朝 (House of Plantagenet) 時，英王在法國擁有的領土，甚至六倍於法國正室本身擁有的土地。

　　英王在法國的領地，一直是兩國爭執、鬥爭的核心。其後透過一系列戰爭，法國奪回了英王在法國的大部分土地，但是英國王室從不甘心罷休，力圖奪回失去的領地，而法王則竭力奪取仍殘留在英王手中的南方領土，雙方衝突尖銳化。

　　西元 1328 年，法國卡佩王朝的查理四世逝世，死後沒有留

下可以繼承王位的後代，英王愛德華三世（Edward III）身為查理四世的外甥，是法國王位的繼承候選人之一。但是，法國害怕英國勢力在法國繼續擴大，最終推選查理四世的堂弟、支系瓦盧瓦家族的腓力繼承王位，即腓力六世（西元 1328 ～ 1350 年）。王位繼承問題激化英法之間的矛盾，愛德華三世心生不甘，腓力六世也宣布要收回英國在法國境內的全部領土，戰爭遂起。

這場戰爭除王位繼承原因外，還為了爭奪法國境內富庶的法蘭德斯和亞奎丹地區。法蘭德斯形式上是處於法國國王的統治之下，但實際上卻是獨立的。法蘭德斯以毛紡業著名，與英國有密切的經濟關係，它的羊毛原料主要來自英國。

西元 1328 年，法蘭德斯爆發了城市上層和農民的起義，法國派軍隊進入法蘭德斯，建立起法國的直接統治，並於 1336 年逮捕了在那裡經商的英國商人。英王愛德華三世採取報復措施，下令禁止羊毛向該地出口。法蘭德斯地區為了保持原料來源，轉而支持英國的反法政策，承認愛德華三世為法國國王和法蘭德斯的最高領主，並希望英國出兵法國。法蘭德斯使英法兩國矛盾進一步加深。這也是導致戰爭發生的一個基本原因。

英國和法國之間的這場戰爭時斷時續，幾經休戰，進行了一百多年，大體可分四個階段：

戰爭的第一階段（西元 1337 ～ 1360 年），法國屢戰屢敗，英國頻占上風。西元 1337 年，英法正式宣戰。1340 年，在斯

勒伊斯海戰中，英國以其強大的海軍重創法國海軍，控制了英吉利海峽，奪得制海權。從此，英軍經英吉利海峽自由進出大陸，將戰爭帶到法國本土。

12世紀後半期的法蘭西和英吉利，在西元 1346 年 8 月的克雷西會戰中，英王愛德華率領的英軍又打敗了法王腓力領導的、人數兩倍於英軍的法軍，獲得陸上的優勢，並經十一個月的圍攻，於 1347 年占領了英吉利海峽對岸的法國海岸要塞加來港。此後，加來長期成為英軍渡海攻打法國的據點。

占領加來港後，戰爭暫停，因為當時爆發了橫掃歐洲的黑死病。

將近十年的休戰之後，法軍在普瓦捷戰役中再次被擊敗。西元 1356 年，愛德華三世的大兒子「黑太子」(Edward the Black Prince，因其披甲顏色而得名) 統率英軍，攻打法軍。法軍由當時的法王約翰 (西元 1350 ～ 1364 年) 統率，人數約為英軍的四倍。但是，結果法軍仍然大敗，連法王約翰和他的幼子都被俘虜，英王乘機向法國索取大量贖金。1360 年，法國被迫在布勒丁尼簽訂和約，和約條款極為苛刻，法國承認英國占有從盧瓦爾河至庇里牛斯以南的領土和加來等地。

在幾次的英法交戰中，英軍在人數上並不占優勢，但是總能獲勝，主要是由於它有一支靈活善戰、身子敏捷的弓箭手隊伍。他們能在 1 分鐘內射出 10 ～ 12 支箭，能在 170 碼的距離

內，射穿一個身披甲冑的騎兵的大腿。而且英軍組織性很強，各方面配合都很良好。而法軍儘管也是作戰勇猛，但是缺乏紀律，兵敗如山倒。

戰爭帶給英、法兩國的經濟、社會很大的災害。法國作為這場戰爭的戰場，人民所受的苦難更是深重。戰爭的失敗、親人的陣亡、龐大的軍費開支、經濟的衰敗，再加上當時黑死病肆虐，使人口銳減……法國人民忍無可忍，終於爆發了馬塞爾領導的巴黎市民起義（西元 1357 ～ 1358 年）和卡爾領導的札克雷起義（西元 1358 年）。

戰爭的第二階段（西元 1369 ～ 1396 年），法國獲得階段性勝利。法王約翰死後，太子查理監國八年後登位為王，即查理五世。為了收復失地，法王查理五世（西元 1364 ～ 1380 年）勵精圖治，實行改革，改編了軍隊，整頓了稅制。英國的僱傭軍優於法國的封建騎士民團，這促使法國第一次建立了常備僱傭軍，取代部分騎兵。

查理五世的法軍，吸取了上個階段戰爭的失敗經驗，改變戰術，大量使用火炮。這些對西歐國家軍隊的建設都有重要影響，在西歐軍事史上具有歷史意義。查理五世還修築城鄉防禦工事，並建立野戰炮兵和新的艦隊。他起用英勇善戰的騎士杜‧蓋克蘭為軍隊總司令，賦予他很大的權力。查理五世透過改革扭轉了戰局，一度收復了幾乎所有的失地。

西元 1368 年，法軍配合加斯科涅反英暴動，收復大片失地。1372 年，法艦隊在拉羅謝爾打敗英國艦隊，重新控制沿海海域。到 70 年代末，已逐步迫使英軍退到沿海一帶，除加來等幾個沿海據點外，英國在法國的領地都被收復。英國遂與法國簽訂停戰協定。

西元 1380 年，查理五世逝世，其繼承人查理六世患間歇性精神病，無法治理國家，封建領主乘機爭權奪利，形成以奧爾良公爵和勃艮第公爵為首的兩大集團。法國的局勢為英國繼續入侵創造了條件，但是此時的英國，為了保住在法國的幾個沿海港埠和波爾多的部分地區，並鑑於國內局勢惡化，爆發了大規模的農民起義和封建領主內訌，無力再戰，兩國於 1396 年締結停戰協定。

戰爭的第三階段（西元 1415 ～ 1424 年），法國進入最困難、最艱苦的階段。英王亨利五世即位後，政局稍加穩定。而法國因奧爾良公爵和勃艮第公爵之間的內戰，矛盾加劇，農民和市民舉行新的起義也讓國力遭到削弱，英國乘機重啟戰端。

法國的勃艮第公爵企圖在法德之間建立一個獨立王國，因此以承認英王有權繼承法國王位來換取英國的支持。西元 1415 年，英王亨利五世趁機率軍入侵法國阿金科特。英王入侵時，法國封建領主正在內戰，勃艮第公爵站在英軍這邊，其他封建領主匆忙集結兵力迎戰。英軍大敗法軍，並在與其結成同盟的

勃艮第公爵的援助下，占領法國北部，並繼續向南推進。

西元 1420 年 5 月 21 日，法國被迫在特魯瓦簽訂喪權辱國的和約。按照和約條款規定，法國淪為英法聯合王國的一部分，承認英王亨利五世為法國攝政王，並有權在法王查理六世死後繼承法國王位。但是，查理六世和亨利五世於 1422 年都先後猝然死去。英國把英王亨利五世年僅十個月的兒子立為法國和英國的國王，亨利五世的兄弟貝德福公爵為法國攝政，成為法國北部半壁江山的實際統治者。

由於爭奪王位鬥爭（西元 1422 ～ 1423 年）加劇，法國遭到侵略者的洗劫和瓜分，處境十分困難。農村荒蕪，城市殘破，捐、稅和賠款，沉重地壓在英占區的居民身上。此時，戰爭的性質已經產生變化。對法國來說，爭奪王位的戰爭，已轉變為民族解放戰爭；而英國則是進行侵略性的非正義戰爭。英國的侵略行為激起了法國人民的愛國之心，紛紛主動加入戰爭。對英國的戰爭，從軍隊的戰爭轉變為全民的戰爭，英法百年戰爭由此進入第四個階段，也是最關鍵的一個階段。

戰爭的第四階段（西元 1424 ～ 1453 年），形勢漸漸有利於法國，法軍獲得最後的勝利。隨著人民的參戰，游擊戰更加廣泛地展開。西元 1429 年，英軍圍困法國重鎮奧爾良。奧爾良是通往法國南部的門戶，一旦失守，法國就面臨全部淪陷的危險。就在法國岌岌可危的關頭，傳奇式的法國女英雄貞德脫穎而出。

貞德出生在法國北部香檳與洛林交界處的一個農民家庭，艱苦的生活使她逐漸成為一個性格堅強、不怕困難、勇於鬥爭的少女。她童年時代目睹了英國侵略者的種種暴行，對英軍深惡痛絕，一直希望自己能加入反擊敵軍的隊伍，親手血刃英軍。

西元 1428 年，年僅 19 歲的貞德，三次來到南方求見王儲太子查理，陳述她的救國大計，請纓解救奧爾良。1429 年 4 月，束手無策的太子終於同意了貞德的請求，將信將疑地給了她一支 3,000 士兵的軍隊，並授予她「戰爭總指揮」的頭銜。

貞德的英勇，鼓舞了奧爾良城內外的將士們，就連農民也紛紛拿起武器，聚集在貞德的周圍。貞德身披甲冑，腰懸寶劍，率兵 3,000，向奧爾良進發。奧爾良當時已被英軍包圍達半年之久，官民幾乎已經喪失信心。貞德先從英軍圍城的薄弱環節發動猛烈進攻，英軍難以抵擋，四散逃竄。

貞德身先士卒，衝入敵陣，身負箭傷仍然浴血奮戰，廣大士兵也個個奮勇當先。在她的領導下，法軍殺進敵軍包圍圈。困在城中的守軍深受鼓舞，也乘機殺出，裡應外合，使敵軍受到兩面夾攻。5 月 8 日，被英軍圍二百零九天的奧爾良終於解了圍。奧爾良解放的鐘聲敲響了！

奧爾良戰役的勝利，扭轉了法國在整個戰爭中的危難局面，從此戰爭朝有利於法國的方向發展。法軍轉敗為勝，士氣高漲，在貞德率領下，繼續揮師北上，迅速攻克聖羅普要塞、

奧古斯丁要塞、托里斯要塞。敵人聽到貞德的名字就嚇得發抖，法國人民則親切地稱她為「奧爾良姑娘」。

西元 1429 年，貞德親自擁戴太子查理加冕，查理成為法國國王，即查理七世（西元 1422 ～ 1461 年在位）。這次加冕的意義在於，否定了英國所立的國王和攝政，重新確立法王對法國的統治權。

但是，宮廷貴族和查理七世的將軍們，卻不滿意這位「平凡的農民丫頭」影響力的擴張，他們憚於貞德的威望，既嫉妒又害怕，便蓄意謀害貞德。西元 1430 年，在康比涅城附近的戰鬥中，貞德率軍與強敵作戰，被逼撤退回城時，這些封建領主閉門不納，把她關在城外，使貞德陷入英軍的同盟者勃艮第之手，最後勃艮第黨人以 4 萬法郎將她賣給了英國當局。

宗教法庭以「女巫」罪判處貞德死刑。西元 1431 年 5 月，備受酷刑的貞德在盧昂城下被活活燒死，她的骨灰被拋進塞納河中。犧牲時，這位法國民族女英雄還不滿 20 歲。

貞德為了民族解放不惜犧牲自己的生命，喚醒人民的民族意識，激起了法國人民極大義憤和高度愛國心，振奮了民族精神。在人民運動的壓力下，法國當局對軍隊進行了整頓。西元 1436 年，也就是貞德死後第五年，查理七世進駐巴黎。1437 年法軍攻取巴黎，1441 年收復香檳，1450 年奪回曼恩和諾曼第，1453 年又收復基恩。英國在法國的領地，除加來港外，先後都

被收回。1453 年 10 月 19 日，英軍在波爾多投降，法國大勝，這場延續了一百多年的戰爭至此結束。

百年戰爭的勝利，不僅使法國擺脫了侵略者的統治，而且還讓法國人民團結起來，民族感情迅速增加，國王受到了臣民的忠心支持。百年戰爭以後，法國經濟逐漸復興，王權更加堅固，消除了封建割據狀態，法國成為一個中央集權的封建國家，封建君主政體演變成封建君主專制政體。

戰後的英國，在經歷了一段內部的政治紛爭後，也建立起中央集權的君主專制國家。

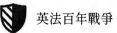

英法百年戰爭的爆發

　　西元 1328 年卡佩王朝告終，瓦盧瓦王朝登上歷史舞臺，第一任國王為腓力六世（西元 1328 ～ 1350 年），在他統治時期，英法爆發了曠日持久的百年戰爭。英法兩國爭奪領地的鬥爭由來已久。近因是法王想收復英國在法國的最後一塊領地亞奎丹，而英王愛德華三世則藉口自己是腓力四世的外孫，要求繼承法國王位。以法國王位繼承糾紛為導火線，終於引發了英法「百年戰爭」。

　　然而，除王位繼承糾紛外，百年戰爭的爆發還有其他更深刻的原因。首先是領土糾紛，英國的兩個統治王朝（諾曼第王朝西元 1066 ～ 1154 年、安茹王朝西元 1154 ～ 1399 年）都是來自法國的封建領主，因而在法國大陸擁有大批領地。腓力二世統治時期，剝奪了英王在法國的大部分領地，但英王仍占領著法國西南部的不少土地。只要領地沒有被完全剝奪，英國王室就仍抱有在法國大陸擴張勢力的野心。法英衝突的另一個問題是法蘭德斯問題。法蘭德斯地區城市發達，各城市的毛織業當時名列歐洲之首。毛織業的主要原料是羊毛，大部分來自英國，城市與英國的經濟關係十分密切。但是，在政治上，法蘭德斯伯爵是法國國王的附庸。14 世紀上半葉，法蘭德斯伯爵極力從

經濟上搜刮城市，政治上壓制城市自由，雙方矛盾非常尖銳，伯爵求助法國國王來鎮壓城市反抗，城市市民則在政治上傾向英王。

所有這些矛盾交織在一起，導致英法之間曠日持久的戰爭，這場戰爭前後持續一百多年，史稱百年戰爭。

西元 1337 年，英王、法王相互向對方宣戰。同年，英國向法蘭德斯進軍，英王愛德華三世派艦隊占領加桑德堡壘，百年戰爭正式爆發。1340 年，英國海軍打敗法國海軍，控制了英吉利海峽，1346 年在克雷西戰役中主要由英國自由農民組成的弓箭手，在少量炮火的配合下，打敗了素稱「法蘭西驕傲的花朵」的法國騎士。在軍事史上，這次戰役象徵著騎士制度開始走向沒落。1347 年，英軍占領法國海濱重鎮加萊。1356 年，普瓦捷戰役爆發，由英王長子「黑太子」統率的 8,000 英國軍隊，打敗了 4 萬餘法國騎士，法王約翰二世（西元 1356 ～ 1364）及其幼子和大批法國貴族被俘。1360 年，兩國簽訂《布勒丁尼條約》，法國承認英王以國王而非法王附庸的身分，占有法國的大片領土，英王則放棄對法國王位的要求，並規定法國須交 300 萬克朗以贖回法國國王及被俘貴族。

巴黎市民起義

西元 1356 年法國在普瓦捷戰役失敗之後，18 歲的王儲太子查理監國攝政，他為了籌集戰費和國王贖金，乃召開三級會議。在 800 名代表中，半數是市民代表，他們要求國王的行動需受特別監督，應懲治失職官吏，並拘捕以財政大臣羅伯特為首的 22 名高階官吏，強迫他們交出侵吞的公款。太子查理十分害怕，下令解散會議，市民更加不滿，整個巴黎開始騷動。查理被迫於 1357 年 2 月再度召開三級會議。在巴黎呢絨商會會長艾蒂安‧馬塞爾的操縱下，通過一系列改革決議，稱為「三月大敕令」，其中最主要的是三級會議設立 36 人的執委會（每個等級 13 人），負責監督政府，國王必須服從三級會議的決定，每年召開三次例會，審定國家大事。如果國王執行大會決議，市民則同意籌款裝備 3 萬軍隊，抗擊英軍。此外，還有對租稅收支進行監督及救濟貧民等。查理被迫簽署了三月大敕令。但不久後反悔，拒絕執行。1358 年 2 月，在巴黎商會會長艾蒂安‧馬塞爾領導下，巴黎市民舉行武裝起義，22 日，3,000 多名起義者衝進王宮，當著太子的面，殺死了被太子寵信的 3 名貴族，查理由於馬塞爾的保護才免於一死。3 月，查理逃出巴黎，巴黎掌控在以馬塞爾為首的起義市民手中。

西元 1348 年，黑死病相繼在法國各地氾濫，大約有 1/3 的人口死於瘟疫，個別地區死亡人數竟達半數。瘟疫之外，戰亂

也帶給農民災難，戰費和貴族贖金榨盡了農民的血汗。但讓農民更難以忍受的，是英國侵略軍和法國騎士、僱傭軍的燒殺劫掠。例如，一個貴族率軍四處搶掠，使塞納河與盧瓦爾河之間的地區成為荒蕪不毛之地。農民走投無路，只好揭竿起義。1358 年 5 月，北部波威地區農民起義，推舉吉約姆・卡爾為首領。史稱「札克雷（意為「鄉巴佬」）起義」，起義隊伍達 5,000 多人。其他地方農民也紛起響應，毀城堡、殺貴族，以「消滅一切貴族，一個不留」為起義口號，但他們認為國王是人民的保護者，旗幟上仍繪有王徽百合花。為了利用農民起義，艾蒂安・馬塞爾一度支援起義，並兩次派出共 800 人的軍隊援助農民軍。封建貴族們推舉法王約翰的女婿、西班牙的納瓦拉國王「惡棍」查理率軍隊進入波威地區鎮壓起義。「惡棍」查理以談判為名，誘捕並殺害了義軍首領卡爾，起義軍失去指揮，內部混亂，最後被封建貴族武裝殘酷鎮壓。

札克雷起義是中世紀法國歷史上規模最大的一次農民起義，起義打擊了封建貴族勢力。農民起義失敗後，封建貴族集中全力圍攻巴黎。西元 1358 年 7 月 31 日，巴黎街頭發生巷戰，艾蒂安・馬塞爾被殺死。8 月 2 日，太子查理率軍進占巴黎，市民政權被推翻，大批市民被鎮壓，巴黎市民起義也最終失敗。

貞德抗英和百年戰爭的結束

西元 1360 年，法國被迫向英軍求和，把加萊港、西南部的基恩和加斯科涅割給英國。監國太子查理即位後，稱查理五世（西元 1364 ～ 1380 年）。他進行一些改革，實行徵收關稅、鹽稅、戶口稅的經常稅制度；建立龐大的僱傭軍，加強炮兵建設，修建防禦工事體系。這些改革使法國軍事力量大大加強。1369年，戰爭再起，法軍轉敗為勝，收回大部分失地。到 1380 年，英軍僅占有沿海幾個據點了。

但是，到 15 世紀初，英王亨利五世（西元 1413 ～ 1422 年）利用法國封建領主內訌，重新發動進攻。西元 1415 年，大破法軍於阿金科特，占領巴黎和法國北部大部分地區。1422 年，英王亨利五世和法王六世先後死去，英方宣布不滿週歲的亨利六世（西元 1422 ～ 1461 年）兼領法國國王。法國太子查理（後稱查理七世）受到南方貴族的支援，與北方對抗。1428 年，英軍南攻奧爾良，該地是通往南方的門戶，如果失守，法國南方就有全部淪陷的危險。當時軍情緊迫，以查理七世（西元 1422 ～ 1461 年）為首的統治集團，驚慌失措、束手無策。法國人民則奮起抵抗，滿懷愛國熱情的農村姑娘貞德（約西元 1410 ～ 1431年），出生自農民家庭。在她童年時期，法國的半壁山河，業已淪於英軍鐵蹄之下，淪陷區內外，法國人民的抗英鬥爭激起貞德高昂的愛國熱忱，她認為從法國土地上趕走英國侵略者，

是她責無旁貸的使命。她的愛國宣傳在人民之間產生很大的影響。查理七世在危險處境中，不得不向人民愛國力量尋求援助。1429 年 4 月 22 日，不滿二十歲的貞德受命參加解救奧爾良城的軍事指揮。5 月初，保衛奧爾良戰役開始，貞德奮勇當先，全軍士氣大振，一舉擊潰英軍的圍攻，保衛了南部國土，人民無不稱頌貞德。隨後，貞德建議向蘭斯進軍，建議查理七世在蘭斯大教堂舉行加冕禮。這個建議也是當時進行大規模游擊戰爭，決心把英國人逐出國境的法國人民群體的要求。自從奧爾良保衛戰獲勝後，貞德及其擁護者聲勢浩大，查理無法不同意向蘭斯進軍，沿途法國軍民攻下許多被英人占領的城市，查理如願以償地在蘭斯大教堂舉行了加冕禮。這時貞德的聲譽已達到高峰，人民讚揚她的信件從四面八方寄來，國王賜給她貴族稱號和優厚恩賞。但是貞德仍和過去一樣，保持純樸的農村姑娘作風，她拒絕接受任何榮譽和恩賞，只要求豁免她深受戰禍的故鄉人民的賦稅。貞德建議進攻巴黎，但法國貴族害怕貞德影響力的擴大，會引起人民運動的高漲，開始對她進行謀害活動。1430 年春，貞德在康比涅附近一次戰鬥中擔任後衛，當她即將撤入城內時，城門竟然被關閉，後退無路，被敵人俘虜。在被英軍囚禁一年中，貞德受盡迫害，堅貞不屈。1431 年 5 月，貞德以魔女罪名被教會法庭處以火刑，犧牲於盧昂廣場。查理七世忘恩負義，不顧貞德的奇功偉績，按兵不動，坐視不救。

貞德雖死，但她的愛國精神已在法國人民間開花結果，在法國人民力量的打擊下，英軍接二連三地遭到失敗。西元 1436 年，法軍收復巴黎。1453 年，百年戰爭以法國的最後勝利告終。英國侵占的土地除加萊一城外，全被法國收復。

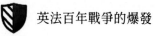

拜占庭文明源起

西元 330 年，君士坦丁大帝遷都新羅馬 ── 君士坦丁堡，由此開始了東羅馬帝國的歷史時期。後來，由於近代學者為了研究的需求，開始使用「拜占庭」一詞，以區分古希臘和近代希臘的歷史文獻。由此，東羅馬帝國也被稱為「拜占庭帝國」。在這本書中，我們採用現在的通說 ── 即西元 330 年 ── 作為拜占庭國家歷史的開端。

「拜占庭」名稱的由來

「拜占庭」這個名稱最初是指位於博斯普魯斯海峽的古城拜占庭。這個城市始建於古希臘商業殖民時代，4 世紀時，君士坦丁大帝在古城舊址上擴建羅馬帝國的東都，重振帝國雄風。此後，拜占庭城飛速發展，成為地中海地區第一大都市，而拜占庭這個名字也因此傳遍世界。

然而，在中古歐洲並不存在什麼「拜占庭帝國」，也沒有任何民族自稱為「拜占庭人」。當時，原羅馬帝國東部被稱為「東羅馬帝國」，其君主自稱為「羅馬皇帝」，當地的居民則自稱「羅馬人」，連他們的首都也冠以「新羅馬」。那麼，我們使用的「拜

占庭帝國」、「拜占庭國家」和「拜占庭人」等名稱，究竟從何而來呢？要回答這個問題並非難事，這些稱謂實際上是近代學者在研究工作中開始採用的。西元 1526 年，德國學者赫羅尼姆斯‧沃爾夫在最初奠定《歷代拜占庭歷史學家手稿》編輯基礎工作中，第一次使用「拜占庭」一詞，以示這部叢書的內容有別於其他古希臘和近代希臘的歷史文獻。1680 年，法國學者西維奧爾‧杜康沿用這個名稱，作為其《拜占庭史》一書的書名，用來講述這個以古城拜占庭為首都的東地中海國家的歷史。久而久之，學者們就將涉及這個古國的事物冠以「拜占庭」二字，東羅馬帝國也自然的被稱為「拜占庭帝國」。

拜占庭國家歷史的開端

拜占庭國家歷史始於君士坦丁一世正式啟用古城拜占庭為東都「新羅馬」，這一年是西元 330 年，後來該城改稱為君士坦丁堡，意為「君士坦丁之城」。拜占庭歷史起始年代，長期以來一直是史學界爭論不休的問題，學者們對這個年代的判斷各持己見，意見多達近 10 種。本書採用通說 330 年作為拜占庭國家史的開端。

從真正意義上來說，拜占庭國家在西元 330 年時已具有很完善的政治實體。這時正是羅馬帝國歷史發展的轉折點，發生了「西元 3 世紀危機」，這場危機使羅馬帝國陷於全面的社會動

盪和政治混亂。在動盪的局勢中，相對穩定的東羅馬帝國——即拜占庭帝國——逐步發展，其作為帝國統治中心的政治地位，逐步超越了帝國西部。皇帝戴克里先（西元 245 或 246～約 316 年在位）及其後的多位皇帝，將行宮設在帝國東部。直至 330 年，君士坦丁一世正式啟用擴建後的拜占庭城為「新羅馬」，象徵著具有獨立政治中心的政治實體的形成。而此時的羅馬和義大利半島（又名亞平寧半島）作為帝國政治中心的地位，已經名存實亡。新國家帶來新氣象，遷都後的君士坦丁一世，在新國家進行了一系列改革。新國家還建立了有別於舊羅馬帝制不同的血親世襲制王朝，君士坦丁一世將皇帝的位子傳給其子君士坦丁二世（西元 337～340 年在位），並後傳四位血親皇帝，從而開始了拜占庭帝國王朝的歷史。同時，新帝國建立了由皇帝任免、對皇帝效忠並領取薪俸的中央和地方官僚機構。在拜占庭社會中，龐大的官僚階層由此形成，這個階層與羅馬帝國時期身為公民代表的官員，有著本質上的差別。有了官僚機構，當然少不了軍隊和法律，這些國家機構的建立，直接服務於皇帝的統治。而皇帝成為軍隊最高統帥，同時還是立法者和最高法官。

　　拜占庭國家政治制度的劇變，有其深刻的經濟背景。自「西元 3 世紀危機」以後，西羅馬帝國陷入經濟蕭條、人口銳減、城市破敗、商業凋敝的危機之中，衰亡之勢不可逆轉。與之相

反，東羅馬帝國則有多種經濟形式並存，對危機具有較大的靈活度和適應能力。早期拜占庭農村存在的公社制、隸農制、自由小農制、家村組織形式的多樣性，使農業經濟一直很發達的東地中海沿海地區，避開了類似西羅馬帝國那樣嚴重的農業危機，因而，也為早期拜占庭國家提供了相對穩定的經濟發展條件。早期拜占庭國家相對穩定的政治局勢，也使占有商業貿易地理優勢的拜占庭帝國，能夠繼承古代世界開創的東西方貿易傳統，發展起活躍的國際商業活動，以致君士坦丁堡成為「溝通東西方的金橋」。顯然，330 年時，以君士坦丁堡為中心的東地中海經濟區已經形成，它不再是西羅馬帝國經濟的附屬部分，而是一個具有獨立經濟系統的區域。不僅如此，其繁榮和發達的程度，還遠遠超過羅馬帝國的西部。

經濟基礎和政治上的變化，必然造成拜占庭帝國在宗教和社會意識形態方面，也產生了深刻的變化，這主要表現為基督教的迅速發展。基督教產生於 1 世紀的古羅馬，並廣泛流傳於東地中海沿岸地區，至 3 ～ 4 世紀時，它已經從被壓迫、被剝削的下層人民宗教，逐步演化成占統治地位的宗教。其早期的性質、社會基礎、教義、教會組織和教規禮儀，也隨之發生巨大且深刻的變化，日益成為羅馬帝國政府的統治工具。4 世紀上半葉，君士坦丁一世頒布的《米蘭敕令》，和他親自主持召開的尼西亞會議，實際上是變相的宣布基督教獲得了國教的地位。

基督教的發展與傳播，為普遍存在的、對現實生活絕望的社會心理和頹廢思想，提供了精神寄託，使意識形態的混亂局面得到調整，而剛剛建立的拜占庭帝國，也慢慢趨於穩定。由於東羅馬帝國政治相對穩定、經濟相對繁榮，以希臘人和希臘化的其他民族為主體的拜占庭人，就開始有選擇性地吸收古代希臘羅馬文化、古代東方文化和基督教文化，積極發展具有獨立文化特徵的拜占庭文化。可以說，東地中海地區一直是古典文化的中心，也是拜占庭文化發展的溫床。

拜占庭歷史分期

自西元 330 年君士坦丁一世遷都「新羅馬」，開始東羅馬帝國時代到 1453 年君士坦丁堡被鄂圖曼土耳其（Ottoman）軍隊攻陷，拜占庭歷史經歷了 1,100 餘年。在此期間，拜占庭歷史發展大體可以劃分為三個歷史階段，即 330 ～ 610 年的早期拜占庭史，610 ～ 1056 年的中期拜占庭史，和 1056~1453 年的晚期拜占庭史。

早期拜占庭國家經歷了由古代社會向中古社會的成功轉型。為了能夠在普遍的混亂和動盪中找到維持穩定的統治形式，拜占庭帝國皇帝進行多種嘗試，其中以君士坦丁一世和查士丁尼一世（西元 527 ～ 565 年在位）的改革最為突出。查士丁尼一世以其畢生精力企圖重振羅馬帝國昔日的輝煌，力圖恢

復古代羅馬帝國廣大的舊疆界，但其努力注定會失敗，因為在舊社會的框架和制度中尋求建立新秩序的時代，已經一去不返了。西元 565 年查士丁尼一世逝世後，拜占庭帝國陷入內憂外患的危機，政變不斷，外敵入侵，農田荒蕪，城市縮小，人口減少，尤其是斯拉夫人、阿瓦爾人、波斯人、阿拉伯人、倫巴底人等周邊民族的四面圍攻，進一步加劇了形勢的惡化。

　　西元 610 年，希拉克略一世登上拜占庭帝國皇位的寶座，象徵拜占庭中期歷史的開始。在此期間，為加速帝國社會組織的軍事化，拜占庭進行了以軍區制度為中心的改革。這個制度適合當時形勢發展的需求，有力緩解危機，為穩定局勢、加強國力提供了有力的保障。在帝國國力不斷增強的基礎上，拜占庭軍隊以巴爾幹半島和小亞細亞為基地，不斷對外擴張。到馬其頓王朝統治時期，拜占庭帝國勢力達到鼎盛，而巴西爾二世（西元 976 ～ 1025 年在位）發動一系列成功的對外戰爭，成為拜占庭國家強盛的象徵。但事物是瞬息萬變的，曾經一度挽救拜占庭帝國危亡形勢的軍區制，在發展過程中暴露了一系列自身無法克服的矛盾，軍區制下發展起來的大土地貴族日益強大，在經濟和政治上都足以與帝國中央集權相對抗，而軍區制賴以存在的小農經濟基礎的瓦解，成為拜占庭帝國衰落的開端。馬其頓王朝統治的結束，象徵拜占庭帝國中期歷史的終結，同時也是拜占庭衰亡史的開始。

晚期拜占庭歷史是帝國急劇衰落、直至滅亡的歷史。11世紀末，曾鼎盛一時的軍區制徹底瓦解，帝國經濟實力急劇下降，國庫空虛。以農兵為主體的小農經濟的瓦解，讓拜占庭不僅陷入經濟危機，而且兵源枯竭。以大地產為後盾的貴族（尤其是軍事貴族）參與朝政、角逐皇位，他們相互殘殺、引狼入室，致使君士坦丁堡於西元1204年失陷於十字軍騎士之手。此後，拜占庭國土分裂，中央集權瓦解，領土不斷縮小，最終極盛一時的拜占庭淪為東地中海的小國，而且還要在鄂圖曼土耳其、塞爾維亞和保加利亞等強國之間周旋、苟延殘喘。1453年，鄂圖曼土耳其帝國攻陷君士坦丁堡，末代皇帝君士坦丁十一世（西元1449～1453年在位）陣亡，拜占庭帝國最終滅亡。

拜占庭帝國疆界

拜占庭帝國疆域一直處於不斷變化的狀態。早期拜占庭帝國疆域基本上與原羅馬帝國的領土無異，到君士坦丁一世去世時（西元337年），其領土包括多瑙河以南的巴爾幹半島、黑海及其沿岸地區、幼發拉底河以西的小亞細亞、敘利亞、巴勒斯坦、尼羅河第二瀑布以北的埃及、北非的馬格里布地區、西班牙、高盧和義大利。5世紀初，拜占庭帝國的疆域並未發生改變，劃分為119個省。

查士丁尼一世繼承皇帝權力時，原西羅馬帝國的疆土幾乎

全被日耳曼各小王國所占領，拜占庭帝國的領土僅包括巴爾幹半島、黑海南岸、小亞細亞、敘利亞、巴勒斯坦和埃及。查士丁尼一世致力於恢復羅馬帝國昔日的光榮，多次對西地中海世界發動遠征，收回了帝國西部部分領土，重新控制義大利、北非馬格里布沿地中海地區、西班牙南部和直布羅陀海峽。到查士丁尼一世去世時（西元 565 年），除高盧和西班牙北部地區外，拜占庭帝國基本上重新占據了羅馬帝國的舊領土，地中海再次成為帝國的內海。

可好景不長，被查士丁尼一世收復的昔日羅馬領土，一直在遭受外來的侵犯。6 世紀末，斯拉夫人和阿瓦爾人大舉侵入巴爾幹半島，波斯軍隊則進犯帝國亞洲領土，兵抵地中海東部沿海，倫巴底人的進攻也讓拜占庭軍隊龜縮於拉文納總督區。至 7 世紀中期，阿拉伯人更以凶猛的進攻，奪取拜占庭帝國在非洲的領土，從而導致帝國疆域發生巨大變化。8 世紀時，拜占庭帝國疆域僅包括以安納托力亞高原和幼發拉底河上游為東部界標的小亞細亞地區，和以馬其頓北部為邊界的巴爾幹半島，以及愛琴海及其海島。此後，這個邊界基本上保持不變，上述領土構成拜占庭帝國版圖。

直至 9 世紀，隨著拜占庭帝國國力增強和實施對外擴張的政策，其疆域有所擴大。巴爾幹半島包括阿爾巴尼亞和伊庇魯斯、直至多瑙河南岸地區，又重歸拜占庭帝國所有，義大利南

部和西西里島也再次被拜占庭人所控制，帝國的海上勢力遠達塞普勒斯島和克里特島。10～11世紀，帝國再次發動對外戰爭，又獲得成功，其疆域又有所擴大，東部邊界推進到兩河流域中上游和美索不達米亞地區，南部直到敘利亞地區的凱撒利亞城。在此期間，帝國西部疆界基本上沒發生變化。

第四次十字軍沉重打擊了拜占庭帝國，他們攻占拜占庭帝國首都君士坦丁堡，開啟了拜占庭人丟城失地的歷史。在博斯普魯斯海峽東岸的尼西亞城流亡57年的拜占庭政府，只控制小亞細亞的中部地區。西元1261年，拜占庭巴列奧略王朝重新入主君士坦丁堡後，其疆域僅剩京城附近地區，黑海南岸的特拉比松帝國、伯羅奔尼撒半島南部的莫利亞地區和伊庇魯斯山區，雖然承認拜占庭中央政府的宗主權，但實行獨立統治。拜占庭帝國的版圖最終「確立」，直到帝國最後滅亡。

拜占庭民族

可以毫不誇張地說，拜占庭是一個民族眾多的洲際國家（跨大陸國家）。早期拜占庭帝國的居民，基本上是由原羅馬帝國東部地區各民族構成的，他們包括東地中海沿海地區各民族，即巴爾幹半島南部的希臘人，希臘化的埃及人、敘利亞人、約旦人、亞美尼亞人，以及小亞細亞地區的古老民族，如伊蘇利亞人和卡帕多奇亞人等，還包括西地中海的西班牙人和義大利人

等。雖然帝國的民族構成複雜，但是，希臘人和希臘化的各個民族，是拜占庭帝國的主要民族，希臘人在政治和文化生活中居主要地位。這個時期，帝國的官方語言是拉丁語，民間語言則主要包括希臘語、敘利亞語、亞美尼亞語、科普特語等。到6世紀末，拉丁語幾乎已經完全讓位於希臘語，希臘語成為帝國的通用語言。

6～7世紀，由於帝國疆域範圍的變化，早期拜占庭民族構成發生巨大變化。

首先，拜占庭帝國非洲的全部領土和亞洲的部分領土喪失於阿拉伯人，在這些領土上居住的民族，隨之成為阿拉伯哈里發國家的臣民，例如埃及人和約旦人，就是從這個時期開始伊斯蘭化的。此外，西班牙人也逐步擺脫了拜占庭帝國的控制。

其次，斯拉夫人大舉遷徙進入巴爾幹半島，並以帝國的臣民，定居在拜占庭帝國腹地，在與希臘民族融合的過程中，逐漸成為拜占庭帝國的主要民族之一。這樣，中期拜占庭帝國的主要居民，包括希臘人、小亞細亞地區各民族和斯拉夫人，他們使用的官方語言是希臘語和拉丁語。這裡要特別指出的是，身為帝國臣民的斯拉夫人與巴爾幹半島北部地區獨立的斯拉夫人有很大差別。前者與希臘人融合，成為現代希臘人的祖先之一，後者則獨立發展成為現代斯拉夫人的祖先；前者使用希臘語為母語，而後者以斯拉夫語為母語。這種狀況在晚期拜占庭

帝國沒有發生重大變化，12 世紀以後，拜占庭帝國的主要民族成分基本上與中期拜占庭的民族成分一樣，只是拉丁語不再被拜占庭人所使用，只有少數官員和高階知識分子偶爾使用拉丁語。

在拜占庭帝國，還存在著一些源於不同模式的民族，他們無論定居何處，都不改變自己的生活方式和宗教信仰，其中以猶太民族為典型。另一些民族，如阿拉伯人和亞美尼亞人通婚融合的情況經常發生，從而產生了一些新的思想和習俗。自 11 世紀後，吉普賽人（羅姆人）的數量也在不斷增加。但總體而言，在 6 世紀中期以後，真正對帝國的歷史和文化等方面產生重大影響的，還是希臘人及希臘化民眾形成的民族群體。

拜占庭的文學藝術與教育

拜占庭人繼承了古希臘、羅馬人崇尚文學、熱愛藝術、重視教育的優良傳統，並在前人獲得的成就上再創輝煌，為世人展現一段獨具特色、卻又崇尚古風，既先進又古老的文化發展歷程。我們在盡情享受拜占庭人帶來的文化的同時，也應從各方面想想，是什麼驅動拜占庭在文化等各方面的繁榮。

拜占庭文學

拜占庭人不僅繼承了古希臘人重視教育的傳統，還繼承了古希臘人熱愛文史哲研究的傳統，重視文史哲創作活動。我們將拜占庭文史哲創作統歸於「文學」，是因為當時的文史哲各學科之間，並不像今天這樣區分明確，史學家可能同時就是文學家和哲學家；而哲學家不僅撰寫哲學和神學書籍，也創作文史作品。因此，文學在這裡是指透過文字進行創作的學術活動。拜占庭人在文學創作和歷史寫作方面，並沒有繼承古希臘人那樣的靈感和氣魄，但是，拜占庭人有龐大的作者群，在長期的、連貫的創作中，逐漸形成拜占庭獨特的風格。

拜占庭文學的發展，在各個時期有不同的側重點。在早

期，語言的不統一，是個十分重要的問題。拜占庭作家的創作大多使用希臘語，當時，在拜占庭各地流行三種形式的希臘語。書籍是貴族的專用品，4世紀建國初期，用於寫作的希臘語，就與居民日常使用的口語有明顯差別，前者稱為「書面語」，是知識界和有教養階層的語言；而後者稱為「民間語」，它並不遵循嚴格的語法和文法，是一種用詞混亂、語法簡單的語言。直到12世紀前後，拜占庭社會才逐步流行標準的希臘語，更加接近古希臘語，即嚴格按照語法規則，為母音和雙母音標注複雜的重音，這是所有受教育者必須認真學習的語言。拜占庭希臘語是古希臘語和現代希臘語之間的橋梁，它也為現代希臘語的語法簡化和單重音體系改革，奠定了基礎。

沿著歷史的脈絡，我們可以看到拜占庭文學發展大體經歷四個階段。4～7世紀初，是拜占庭文學發展的第一個階段，主要是由古代文學向拜占庭文學的轉變階段。

這個階段的拜占庭文學，主要特徵表現為古代文學逐漸衰落，新的文學形式和標準逐漸形成，奠定了拜占庭文學的基礎。基督教思想觀、宗教抽象的審美標準，取代了古代文學的相關內容，甚至寫作形式也發生變化。在這個翻天覆地的轉變過程中，基督教作家極力反對和排斥古代作家的「異教」思想理論。儘管如此，他們也不可能完全擺脫古代文學對他們的影響，因為他們也接受了與世俗作家一樣的基督教育。這種古代

世俗文學對拜占庭基督教作家的影響，在最初拜占庭支持所有文化知識的政策下，表現更為明顯，尤其是那些努力發展「教俗友好」關係的基督教領袖們的立場，更是提供了有利條件，他們並沒有刻意排斥世俗文化，而是逐漸將教會文學和世俗古代文學結合。

其中將教會文學和世俗古代文學結合最成功、最突出的代表，是優西比烏（西元 260～340 年），他在撰寫教會歷史和君士坦丁大帝傳記中，充分展現了其深厚的古典文學基礎和基督教文風，創造了新的寫作風格。他的代表作是《教會史》、《編年史》和《君士坦丁誌》。

優西比烏出生在巴勒斯坦北部的凱撒利亞城，師從當地著名基督教理論家、學者潘菲羅斯，後因躲避宗教迫害而流亡各地。西元 313 年，羅馬帝國當局頒布宗教寬容法律後，優西比烏當選凱撒利亞城主教。機緣巧合的優西比烏，成了君士坦丁的好友，並得到君士坦丁一世的重用，成為御用史官。他積極參與皇帝主持下的重大教會事務決策。在他的一生中，著述頗豐，傳世作品也很多。他仿效晚期羅馬帝國作家阿非利加努斯的作品，完成了十卷本《編年史》一書。這本書提供了有關古代近東和北非地區統治王朝的詳細譜牒，以及其所在時代世俗和教會的大事年表。他所關注的重點，主要是基督教的發展，尤其是他在此書中提出的觀點，對後世影響很深。

優西比烏的另一部力作是為了慶祝君士坦丁一世登基30年而成的《君士坦丁誌》，該書主要描述君士坦丁一世在西元306年7月稱帝以後，共30年左右的統治，詳細記載這位皇帝在羅馬帝國晚期政治動亂、軍閥割據的局勢中，完成統一帝國大業的過程。在這部書中，作者對皇帝充滿了崇敬，也有太多讚譽之詞，但還是不可避免地影響了他對歷史事實的客觀評價。我們可以確信的是，他留下的記載，都是可靠真實的，不僅被當時的其他作品所證實，也被後代作家傳抄，史料價值極高。同時，這本書也成為研究君士坦丁一世和拜占庭帝國開國史的最重要資料。在這部傳記中，記載較多的內容，是關於君士坦丁的宗教事務。因此，在4世紀末時，被教會作家翻譯為拉丁語，並將原書續寫到395年。

　　在《教會史》中，優西比烏充分展現他的理念，繼續他勸人向善的說教。他堅持認為，人類得到耶穌基督的拯救，是歷史的重要內容，其中忠實於上帝意旨的皇帝，是神在人世的代表。受到以上信仰的左右，優西比烏在寫作中特別重視政治和思想歷史的記述。在書中，他用大量文字，對君士坦丁一世讚不絕口，但對君士坦丁一世的種種劣跡和暴行，卻隻字不提，他還將其他皇帝頒布的宗教寬容法律，移為君士坦丁一世所為，為他臉上貼金。因此，優西比烏所作的這些記載，都影響了《教會史》的準確度。

除優西比烏外，5 世紀的左西莫斯和 6 世紀的普羅科匹厄斯（西元 490 ～ 562 年）也在各自的作品中，表現出新舊兩種文學創作的結合。他們在歷史編纂中保持古希臘歷史家的文風，同時開創教會史和傳記文學的形式。

此外，埃及亞歷山卓主教亞他那修（西元 295 ～ 373 年）則在神學論文、頌詩和其他宗教寫作中大放異彩，為以後基督教作家的創作，提供了基本樣式和藍本。基督教傳記文學則是在埃及修道隱居運動中興起的。基督教讚美詩歌的發展在羅曼努斯（？～西元 555 年）創作的上千首詩歌中達到頂點，他在創作中大量運用古代詩歌的韻律知識和格式，開創了基督教讚美詩寫作的新紀元。

7 世紀中期～ 9 世紀中期，拜占庭文學發展幾乎處於中斷的狀態。和第一階段相比，這個時期既沒有名貫青史的作家，也缺少不朽的作品。這個現象的出現，與當時拜占庭的政治局勢有直接關係。當時的拜占庭帝國，面臨阿拉伯人、斯拉夫人入侵，帝國喪失其在亞、非、歐的大片領土，戰爭需要武器而忽視文學，拜占庭文學在此背景下難以發展。8 世紀開始的毀壞聖像運動，對拜占庭文學來說，簡直是雪上加霜，在一定程度上阻止拜占庭文學的發展。馬克西姆（西元 580 ～ 662 年）和大馬士革的聖約翰（西元 675 ～ 749 年）代表這個時期拜占庭文學創作的最高程度。馬克西姆在反對當局宗教理論的鬥爭中，寫出

大量基督教文學作品；而聖約翰則在雲遊東地中海各地時，運用豐富的古典哲學知識，全面闡述基督教哲學理論。

西元 9 世紀～ 1204 年是拜占庭文學史發展的第三階段，以弗條斯（西元 827 ～ 891 年）為代表的拜占庭知識界，以極大的熱情發動文學復興運動。弗條斯出生在權貴之家，自幼飽讀古書，青年時期即為朝廷重臣，多次出使阿拉伯帝國，48 歲時以非神職人員身分被皇帝任命為君士坦丁堡大教長。他一生著作頗多，特別致力於古典文學教育活動。在他擔任君士坦丁堡大學教授期間，積極從事古希臘文史作品的教學。為了便於學生學習，他編纂了古代文獻常用詞彙《辭典》。在他寫給國內外各方人士的信件裡，以鮮明的態度，反映出他傳播古代知識的熱情，以及在融合教俗知識上所作的努力。弗條斯身為普通信徒出身的基督教領袖，他的作品推動了衰落數百年的拜占庭文學的重新掘起。

馬其頓王朝統治時期的拜占庭帝國國勢強盛，安定的社會生活，為文學的發展提供良好的條件。學者型皇帝君士坦丁七世在位期間，拜占庭文學的發展進入黃金時期。在此期間，文史作品和作家不斷湧現。潑塞留斯是當時拜占庭文學發展的代表人物，他出身於中等家庭，但是學識淵博、智慧超群，他撰寫的歷史、哲學、神學、詩歌和法律草案，都代表當時文學寫作的最高水準。當時學術界對新柏拉圖哲學的再研究，為在亞

里斯多德學說束縛下的思想界，帶來了新鮮的空氣，揭開了懷疑亞里斯多德理論的長期思想運動，這種深遠的影響，甚至在義大利文藝復興運動中，也有所反映。

西元 1204 年以後，是拜占庭文學發展的最後階段，文學在民族復興的強烈欲望中，展現其最後的活力。那時的作家、學者，無一例外地透過文學創作，表達重振國威的急切心情。其中，尼西亞學者布萊米德斯的政論散文〈皇帝的形象〉，反映出知識界普遍存在「透過理想皇帝，重整河山、再創輝煌」的願望。但是，拜占庭帝國已無可挽回地衰落了，光靠文學不可能找回失落的世界。於是，拜占庭文學家們將其再現古代文化的滿腔熱情和對古代光榮的無限留戀，轉移到義大利，這種變化，直接促成那裡復興古代文化藝術思潮的興起。

在浩瀚的拜占庭文學海洋中，詩歌和散文創作非常發達，是拜占庭文學最突出的特點。那時，拜占庭的散文作品，可以分為神學、斷代史和編年史、自傳和聖徒傳、書信和悼辭、小說及諷刺小品，詩歌則可以分為讚美詩、敘事詩、浪漫詩及各種諷刺詩、打油詩等等。

拜占庭帝國不僅有豐富的官修或私人史書，還有大量的傳記文學，它們成為斷代史、編年史、教會史的重要補充。傳記文學包括皇帝傳記、聖徒傳記和自傳等多種類別。4 世紀優西比烏撰寫的《君士坦丁誌》和亞他那修撰寫的《安東尼傳》，激發

眾多教士的寫作熱情，開創拜占庭傳記文學的寫作模式，一時間出現了許多風格各異的人物傳記，其中不乏精品。到了 6 ～ 7 世紀，希利爾（西元 525 ～ 559 年）的《東方聖徒傳》和利奧條斯所作的《亞歷山卓主教傳》，將傳記寫作提升到另一個高度。他們對巴勒斯坦和埃及地區基督教教徒的記載，注重人物的內心活動，從記述對象扶貧助困的事蹟中，著重挖掘他們仁慈善良的品格，讀來生動感人、催人淚下，受到普遍好評。安娜的《阿歷克塞一世傳》和約翰六世的《自傳》，是皇帝傳記的代表作。

拜占庭文學中的小說興起較晚，其成果只有一、兩部，據現代學者考證，僅有的這一、兩部作品，還不是拜占庭作家的原創作品，它們是從敘利亞語翻譯成希臘語的印度故事。諷刺散文和雜記是不可忽視的拜占庭文學形式，其寓嚴肅主題於詼諧幽默的敘述風格，來自於古希臘文學。拜占庭諷刺散文有三部代表作品，即 10 世紀的〈祖國之友〉、12 ～ 13 世紀的〈馬扎利斯〉和〈莊主〉，對時政及社會腐敗表示不滿，是它們所要表達的主題，但是，在討論重大社會問題時，無一例外地採用輕鬆的筆調，對當時的文學創作產生一定的影響，以致同時代的某些醫學、哲學作品，也模仿它們的風格。雜記文學的代表作品，是 6 世紀拜占庭商人哥斯馬斯的《基督教國家風土記》，其中記述各東方民族的風土人情、地理物產，因此具有很高的資料價值。

從 4 世紀開始，拜占庭詩歌創作就進入了長盛不衰的發展過程。當時，「卡帕多奇亞三傑」之一的尼撒的貴格利，在眾多詩人中成就最為突出，他的作品富有哲理，思想性強，很受人們推崇。5 世紀的代表性詩人是皇后尤多西亞，她的讚美詩以其純樸、幼稚的風格，為拜占庭詩壇帶來清新之風，更由於她的特殊地位，在她的影響下，寫詩作賦竟成為一時的風尚。羅曼努斯是 6 世紀韻律詩歌的代表人物，他以重音體系結合語句的抑揚頓挫，寫出上千首對話式的詩歌，讀起來朗朗上口，在民間非常流行。羅曼努斯的詩歌非常「實用」，因為他的詩歌可以應答對唱，且有副歌，因此常常用在教堂的儀式活動中。克里特主教安德魯（西元 660 ～ 740 年）也創造出將多種韻律詩歌串連在一起的抒情詩體裁，為各個層次的詩人開闢創作的新領域。9 世紀才高貌美的修女卡西亞（西元 800 ～ 867 年）是一位極具傳奇色彩的人物，她曾經因拒絕皇帝的求婚而聞名，後獻身於與世隔絕的修道生活，專心詩歌創作，創造出一種充滿虔誠情感的詩歌形式，在拜占庭詩歌發展中占有一席之地。晚期拜占庭帝國出色的詩人中，應提到約翰‧茂羅普斯（西元 1000 ～ 1081 年）和塞奧多利‧麥多西迪斯（西元 1270 ～ 1332 年），他們的詩歌表現出濃厚的學術韻味，與當時復興古代文化運動的局勢非常契合。

詩歌的發展直接促進了拜占庭音樂的進步。從應答對唱的

詩歌形式中，發展出二重唱的音樂形式；而韻律詩歌對 12 音階和 15 音階的形成，產生促進作用，重音、和聲、對位等音樂形式迅速形成。拜占庭教會流行的無伴奏合唱，至今仍保持不變，對歐洲近代音樂的發展，產生奠基作用。

拜占庭藝術

拜占庭藝術是拜占庭的精華，包括鑲嵌（Mosaic，馬賽克）畫、壁畫、紡織藝術、金屬加工藝術、建築、音樂和舞蹈等幾個主要分支。在被現代學者譽為「歐洲的明珠」和「中古時代的巴黎」的君士坦丁堡，集中了各種藝術的傑作，可以毫不誇張地說，君士坦丁堡是用拜占庭藝術裝飾美化起來的。

鑲嵌畫是最具拜占庭特點的藝術形式，由於這種繪畫採用天然彩色石料，所以其絢麗多彩的色澤可以永久保持，讓我們得以在許多拜占庭遺跡中，欣賞到這種讓人留下深刻印象的藝術品。大多數人都以為鑲嵌畫是拜占庭人發明的，因為在現存的大量鑲嵌畫中，拜占庭的作品最豐富，工藝水準最高。但這種藝術形式的真正發源地是古典時代的希臘。鑲嵌畫早在古希臘時代就已經出現，鑲嵌畫裝飾的地板，在許多古希臘遺址中都可以見到。羅馬帝國時代，鑲嵌畫被廣泛應用在公眾聚會的廣場和集市的地面上。拜占庭藝術家繼承古代藝術傳統，不僅繼續在拜占庭鑲嵌地板（現存法、美兩國的 5 ～ 6 世紀古物）、

在水平的地面上裝飾鑲嵌畫，而且還在垂直的牆壁上使用。鑲嵌畫的基本材料是被切割成大小基本上相等、各種形狀的天然彩色小石塊，表面約 1 平方公分，有時彩色玻璃碎塊也可以代替罕見的石料。藝術家先在平整的石膏畫底上勾勒出描繪對象的輪廓和畫面線條，然後根據色彩的需求，將五顏六色的石塊和玻璃塊貼上去，最後，使用金片填充背景空白處。鑲嵌畫經最後拋光完成，在燈光的照耀下，光彩奪目，即使在昏暗的燭光中，也不時閃出奇光異彩。義大利聖維塔堂（Basilica of San Vitale）儲存著世界上最完好的拜占庭鑲嵌畫，教堂中心大廳兩側牆壁裝飾的大幅鑲嵌畫，是皇帝查士丁尼一世和皇后狄奧多拉與朝臣宮女的肖像，至今在燈光的照耀下，仍是五顏六色，大放異彩。

拜占庭繪畫主要以壁畫和插圖來表現，這種藝術形式雖然不像鑲嵌畫那樣富於拜占庭特色，但是，由於繪畫使用的材料比鑲嵌畫廉價，繪畫技術的要求相對簡單，因此，使用也更加廣泛。拜占庭藝術品中保留最多的是聖像畫，在世界其他地區的基督教教堂中，可以發現拜占庭各個時代的壁畫，大到數十平方公尺，小到幾平方公分不等。除了裝飾教堂牆壁的壁畫外，還有大量畫在畫板上的各類版畫和書中的插圖。繪畫的主題和素材大多涉及宗教故事，「聖像」是拜占庭繪畫的重要內容，主要描繪聖母和聖子的神聖，反映《聖經》故事和聖徒事

蹟。繪畫的方法很簡單，透過線條和色彩表現主題，強調傳神而不重視象形，注重寓意而不要求寫實。拜占庭繪畫對義大利藝術影響很深，特別是對早期文藝復興時代的藝術，具有直接的影響力，在世界美術史上占有重要地位。文獻插圖是拜占庭繪畫藝術的另一個組成部分，以涉及內容廣泛、直接表現生活的歷史畫面等因素，而始終以穩定的速度發展。插圖繪畫的內容和形式與文字內容一致，而創作的目的也只是對文字的補充說明。這門藝術對用具和材料的要求不高，筆、刀、尺、顏料等，就可以滿足創作的需求，任何人都可以在任何地方進行創作。與壁畫一樣，拜占庭的插畫也主要以宗教為題材，直到現在，我們還可以看到大量描述基督教《聖經》故事和聖徒事蹟相關的插畫，當然也不乏反映拜占庭人生活場景的作品。

拜占庭人注重精細藝術，表現為藝術紡織和金銀寶石加工技術的高水準。流散於世界各大博物館的拜占庭工藝品，包括精美的金銀杯盤、鑲嵌珠寶的主教冠、編金線織銀縷的巨型掛毯、精細的象牙和紫檀木雕刻、典雅的大理石花雕柱頭等，鬼斧神工、巧奪天工，至今光輝依舊，以其絢麗多彩、風韻多姿，讓人們感受到拜占庭藝術的魅力，也為後人留下一筆寶貴的遺產。

拜占庭建築藝術影響極大，在歐、亞地區廣泛分布著拜占庭式建築，其中現存伊斯坦堡的聖索菲亞（阿亞索菲亞）教堂，

是拜占庭建築的傑作。這座教堂堪稱中古世界的一大奇觀，也是其他民族刻意模仿的榜樣。在巴爾幹半島、義大利、俄羅斯、中歐，甚至在英、法等西歐國家，均保留多座拜占庭式教堂。拜占庭的建築特點，一方面展現在設計布局和建築材料的使用上，另一方面展現在對建築物的內外裝修上。拜占庭建築的精巧特點與古典建築的質樸宏大，形成鮮明的對比，構成獨具特色的拜占庭建築風格。

拜占庭的絲織、紡織水準，在當時世界也是獨樹一幟的，即使絲織業隨著拜占庭帝國衰落而逐步萎縮，但其技術和工藝水準，仍然遠在其他地中海和歐洲國家之上。拜占庭絲織業的發展，為其絲織藝術的展開提供了廣闊的空間，形成拜占庭藝術的重要組成部分。與其他藝術形式相比，拜占庭絲織品一般依據其用途，來確定圖案的內容，以動植物和幾何圖形為主，很少出現基督和聖徒的影像。拜占庭的織棉技術也很發達，主要用絲、毛、麻混合的方法，而其中以金銀絲與絲線混紡最有特色。

古希臘羅馬時代，崇尚自然和諧的人們，對音樂和舞蹈格外熱愛。在音樂和舞蹈的實踐中，創造了許多新的形式，這一切都對拜占庭人的影響極大。據記載，拜占庭人在重大儀式、慶典活動、崇敬禮儀、民間節目、婚禮、宴會等場合，都會以音樂來營造氣氛。但拜占庭的音樂和舞蹈，受基督教禁慾主義

的影響，宗教音樂獲得了長遠發展。雖然戲劇和舞蹈遭到教會的否定，但在民間卻廣泛流傳，幾乎成為其生活不可缺少的內容。遺憾的是，有關戲劇和舞蹈的記載非常少，所以我們無法領略多才多藝的拜占庭人的舞姿，只能天馬行空，充分發揮想像力，再現當時的情景了。

拜占庭的教育

想在拜占庭社會高層占有一席之地，首要條件就是要有一定的經濟基礎，而後還要有處理行政和軍事事務的能力；而能否進入行政機構工作，主要取決於個人能力的大小。君士坦丁堡對貴族家庭的孩子有一套教育系統，在這裡，文化不僅是一種樂趣，也不僅是區分社會地區的象徵，而是一種需求。因此，提高文化素養，就會被拜占庭人提高到一定地位；而受教育被視為獲取知識不可缺少的環節，人們對它的重視程度就可想而知了。

拜占庭人的教育主要來自於古典希臘羅馬和基督教的傳統，強調對經典文字的準確記憶，及根據基督教思想原則，對古代文明遺產的深刻理解。這兩個似乎對立的文化因素的結合，是 7 世紀以前拜占庭教育的特點，它導致相應的拜占庭教育方法和內容的產生。7 世紀以後，由於教會的發展，拜占庭教育一度被教會壟斷，世俗教育大都由私人教師和父母在家庭中

進行。直到毀壞聖像運動以後，世俗教育才重新獲得同步發展的機會。

拜占庭人繼承古代希臘羅馬文化，也繼承了古希臘人重視教育的傳統。拜占庭文化的高度發展與其完善的教育制度有直接相關。在拜占庭帝國，接受良好的教育，成為每個人的願望；而缺乏教養，則被公認為是一種不幸和缺點。幾乎每個家庭的父母都認為，不對子女進行適當的教育是愚蠢的行為，甚至被視為犯罪，只要家庭條件許可，每個孩子都會被送去讀書。社會輿論對沒有經過教育的人進行辛辣的嘲諷，就連有些行伍出身、未受到良好教育的皇帝和高階官吏，也會因為缺乏教養而遭到奚落。

拜占庭帝國社會各階層均有受教育的機會，但受教育的程度也會因為社會地位及財富的不同而存在差異。由於時代的局限，當時拜占庭的學生能接受什麼樣的教育，首先取決於老師的能力與偏好。王公貴族的子弟幾乎都有師從名家的經歷，4～5世紀最著名的拜占庭學者阿森尼烏斯（西元354～445年）受皇帝狄奧多西一世之聘，教授兩位皇子；9世紀的大學者和君士坦丁堡大教長弗條斯，曾任皇帝巴西爾一世子女的宮廷教師；11世紀拜占庭學界頂尖人物頗塞留斯（西元1018～1081年）是皇帝米海爾七世的教師。社會中下層人家的子弟，雖然不能像上層社會子弟那樣在家中受教育，但也有在學校上課的機會。

在拜占庭，小學教育相當普及，兒童從 6 ～ 8 歲開始，先進入初級學校學習語言。語言課首先包括希臘語音的學習，以掌握古代語言的發音和拼寫方法為主。10 ～ 12 歲時，孩子們就開始進入中學階段，學生們開始學文法，文法課的目的是讓學生的希臘語知識進一步規範化，使之能夠使用標準的希臘語進行演講，能準確地用希臘語讀書和寫作，特別是學會用古希臘語的思維方式，以便日後正確解讀古代文獻。語言課包括閱讀、寫作、分析詞法和句法，以及翻譯和注釋古典文學的技巧。早期拜占庭教育和學術界尚古之風極盛，普遍存在抵制民間語言、恢復古代語言的傾向。因此，語言課的教材，主要是古典作家的經典作品，如《荷馬史詩》等。此外，語言教材還包括基督教經典作品和聖徒傳記。語言課除了讀書，還包括演講術、初級語言邏輯、修辭和韻律學，但這種語言課一般要在 14 歲左右才開始進行。修辭和邏輯課被認為是非常重要的課程，安排在語言課之後，使用的教材是亞里斯多德和其他古代作家的作品，《新約聖經》也是必不可少的教材。邏輯學教育常常與哲學教育同時進行，都屬於中級教育的內容。

　　中級教育之後，一部分學生進入修道院，尋求「神聖的靈感」，而另一部分則進入大學繼續深造。在初級語言、邏輯和哲學教育的基礎之上，學生們要在大學裡接受高階修辭學和哲學，以及算術、幾何、音樂、天文等課程，其中後四項被拜占

庭人稱為「四藝」。高階修辭課主要透過閱讀古代作品來完成，學生們被要求背誦古希臘文史作品，並按照古代寫作規範和文風，寫論文或進行演講練習。讀書是學習的主要方式，例如在哲學課程中，學生必須閱讀亞里斯多德和柏拉圖，以及新柏拉圖哲學家的全部著作，還要求他們背誦希臘文字「福音書」。基礎教育的目的是培養完善的人格，造就舉止優雅、能說會寫的人；而高等教育的目的是培養探索真理和傳播真理的人。在大學裡，學習必須是全面的、無所不包的，這種教育應囊括所有知識的分支思想。展現在教育的全過程中，基礎教育更重視全面的教育，我們今天使用的「百科全書」一詞，即源於拜占庭人基礎教育的概念。法律、物理和醫藥學雖然屬於職業教育的內容，但是學生們在大學中可以自由學習。

在拜占庭，立志讀書當官的人，必須經過系統性的教育。他們要先接受基礎教育，而後在貝魯特等地的法律學校，通過拉丁語言和法律課程。畢業後，最優秀的學生將繼續在君士坦丁堡大學上課，這些經歷是平民百姓仕途升遷必不可少的條件。而希望在法律界發展的學生，必須經過良好的基礎教育和貝魯特法律學校的專門教育，他可以不像其他學生那樣從事體育鍛鍊，也不必獲得戲劇課程的成績。但神學課是所有學生的必修課，而專門的神學研究不在學校，而是在教會和修道院裡進行，對神學問題感興趣的學生，可以在修道院裡進一步深造。

拜占庭基礎教育和大學教育的內容相互交叉，只是深淺程度不同而已。有些學者既是大學教授，也是普通學校教師，例如，4世紀的學者巴西爾在雅典大學教授文法、政治學和歷史，同時在當地的職業學校擔任數學和醫學教師，他同時還擔任某些貴族的家庭教師。

　　拜占庭的學校普遍採取古希臘人以提問討論為主、講授為輔的教學方法。學生一般圍坐在教師周圍，或席地而坐，或坐於板凳上，使用的教材放在膝蓋上。教師主要就教材的內容提出問題，請學生回答或集體討論，閱讀和背誦是基礎教育的主要方式，而討論則是高等教育的主要學習方式。

　　學校兼具教育和學術研究的功能，教學相長。最著名的教育中心，同時也是最具實力的學術中心。在拜占庭帝國各地，有許多集教育和學術研究為一體的中心。據考古和文獻資料提供的證明，除了君士坦丁堡外，雅典是古希臘哲學和語言文學的教育中心；埃及亞歷山卓是「所有科學和各類教育」的中心；貝魯特是拉丁語和法學教育的中心；塞薩洛尼基是古代文學和基督教神學的教育中心；加薩和安條克是古代東方文學和神學的教育中心；以弗所和尼西亞是基督教神學的教育中心。「查士丁尼法典」記載當時拜占庭帝國「三大法學中心」，它們是君士坦丁堡、羅馬和貝魯特，規定所有政府官員和法官、律師必須獲得相關學歷才能任職。

在拜占庭，學校分為國立、私立和教會三大類，它們在拜占庭的教育事業中占據重要地位，缺一不可。教會學校由教會和修道院主辦，辦學的主要目的是培養教會神職人員的後備力量。拜占庭修道院學校辦學方式和西歐修道院完全不同，是專門為立志終生為僧的人開辦的，因此，其教學內容非常單一，只學語言、《聖經》和聖徒傳記。國立大學和普通學校是拜占庭教育的主要基地，對所有人開放，其教授由國家任命，並發放薪俸。國立大學的課程在 7 世紀以前不受任何限制，非基督教的知識也可以教授，學校的拉丁語教授多來自羅馬和北非；醫學和自然科學教授多來自亞歷山卓；哲學教授來自雅典。查士丁尼一世時期，為了加強教育控制，對全國學校進行整頓，取消君士坦丁堡、羅馬和貝魯特以外的法律學校，關閉雅典學院，停發許多國立學校教師薪俸等措施，基礎教育的責任就落在私塾和普通學校的身上。7 世紀以後的許多著名學者，都在私塾完成基礎教育，然後進入修道院接受高等教育。很多學者學成之後，還自辦私人學校。

拜占庭教育事業發展幾經波折，出現過高潮和低潮，其中查士丁尼罷黜百家、獨尊基督教的政策，對拜占庭教育的破壞最為嚴重。查士丁尼以後的歷代皇帝大多支持教育，例如君士坦丁九世，鑑於司法程度低下，在西元 1045 年建立新的法律學校，並要求所有律師在正式開業前，必須進入該校接受培訓，

並通過考試，否則就沒有資格行業。他還任命大法官約翰為該校首席法學教授，任命著名學者頗塞留斯為該校哲學教授，透過加強師資力量的投入，以提高學生的程度。科穆寧王朝開創者阿歷克塞一世除了大力支持國立大學和普通學校外，還創造性地開辦孤兒學校，幫助無人照料的孤兒接受教育。許多皇帝經由經常提出測試性的問題，親自監督國立大學和學校的工作，檢查教學品質，任免教授和教師，為教學效果良好的教師增加薪俸。在拜占庭皇帝的親自過問和參與下，學術活動非常活躍，學校教育發展迅速。

拜占庭政府高度重視書館的建設，因為這是學術研究的主要組成部分。建國初期，政府即撥專款用於蒐集和整理古代圖書，在各大城市建立國家圖書館，古希臘時代的許多作品，即在這個時期得到系統整理。查士丁尼時代推行的思想專制政策，曾一度摧毀了很多圖書館，其中亞歷山卓和雅典圖書館的藏書破壞最為嚴重。但民間的藏書並未受到打擊，仍然十分豐富，著名的貧民詩人普魯德羅穆斯（西元 1100 ～ 1170 年）廣泛借閱民間圖書，自學掌握古代文法和修辭，並透過研究亞里斯多德和柏拉圖的大部分著作，成為知識淵博的詩人。由於國家政策的大力支持，教會圖書館發展尤其迅速，幾乎所有教堂和修道院均設立圖書館，這些圖書館後來成為培養大學者的重要場所，直至今日，它們仍是取之不盡的古代圖書寶藏。拉丁帝

國統治時期是拜占庭教育和學術發展停滯的時期，文化上相對落後的西歐騎士，在爭奪封建領地的戰爭中，自覺或不自覺對拜占庭學校和圖書館造成破壞，他們焚燒古書以取暖，其情形類似 4～5 世紀時日耳曼人在羅馬焚燒刻寫羅馬法條的木板取暖。在民族復興的政治運動中，拜占庭知識界掀起復興希臘文化的熱潮，分散在各地的拜占庭文人學者，紛紛集中到反對拉丁人統治的政治中心尼西亞帝國，並在拉斯卡里斯王朝的支援下，展開搶救古代圖書文物的各種活動，或遊訪巴爾幹半島與小亞細亞地區，蒐集和抄寫古代手抄本，或整理和注釋古代名著，或建立私塾傳授古典知識，組織學術討論，以各式各樣的方式拯救圖書。這些活動為巴列奧略王朝統治時期的「文化復興」奠定基礎。著名的學者布萊米德斯（西元 1197～1269 年）是尼西亞帝國時期拜占庭文化的領頭羊，他培養出包括皇帝西奧多在內的許多知識淵博的學者，在文化界受到廣泛的尊敬。

可以說，巴列奧略時代的拜占庭文化教育活動，是民族復興自救運動的一部分。當時的拜占庭國家已經衰落，國內政治動盪，外敵欺辱，正一步步走向滅亡的深淵。拜占庭知識界為挽救民族危亡，在尼西亞帝國文化教育事業的基礎上，展開文化復興運動，使拜占庭文化的教育發展，進入又一個輝煌時期，出現了前所未有的學者群。他們積極參與政治、宗教事務，同時研究古希臘文史哲作品，從事教育，從而成為民族自

救運動的一分子。他們對古典哲學和文學的廣博知識，令其義
大利留學生極為驚訝，這些學者及其弟子中的許多人，後來又
成為義大利文藝復興運動的直接推動者。直到拜占庭帝國即將
滅亡之際，在君士坦丁堡和塞薩洛尼基仍然活躍著許多民間讀
書團體和學術沙龍，他們經常組織討論最著名的古希臘文史哲
作品。在為數不多的學校裡，仍然保持較高水準的教育活動，
歐洲各地的學生仍繼續到這裡求學。

拜占庭的陷落

危在旦夕

西元 1451 年 2 月 5 日，一位密使到小亞細亞向蘇丹穆拉德二世的長子——21 歲的穆罕默德，報告他的父親已經去世的消息。這位既精明又果斷的皇太子，沒有與自己的大臣和謀士商量一句話，就一躍跨上自己最好的馬，揮策鞭子，驅著這匹純種良馬，一鼓作氣跑完 120 里，到達博斯普魯斯海峽，且立刻渡海，來到歐洲一岸的加里波利。他這才向自己的親信們透露父親去世的消息。為了事先就能挫敗其他任何人染指王位的企圖，他調集一支精銳部隊，帶到亞德里亞堡，儘管他在那裡實際上沒有遭到任何反對，就被確認為鄂圖曼帝國的最高統治者。他隨即採取的第一個政治行動，同樣充分展現穆罕默德那種毫無顧忌的魄力，簡直令人害怕。為了預先剷除所有嫡血競爭對手，他命人把自己尚未成年的弟弟淹死在浴池，接著又立刻把那個被他逼著做這件事的凶手害死。由此也可看出他的詭計多端和生性殘忍。

這樣一個年輕、狂熱、醉心於功名的穆罕默德，從此取代了較為穩重的穆拉德，而成為土耳其人的蘇丹。這個消息讓拜

占庭人驚恐萬分。因為他們透過上百名的密探獲悉，這個野心勃勃的傢伙，曾發誓要占領這座世界古都，儘管他年紀輕輕，卻日日夜夜在策劃著如何實現自己的這個畢生計畫；同時所有的資料又都一致聲稱，這位土耳其的新君主，具有非凡的軍事和外交才能。穆罕默德是一身兼備雙重秉性的人，他既虔誠又殘忍；既熱情又陰險；既是一個學識淵博、愛好藝術、能用拉丁文閱讀凱撒大帝和其他羅馬偉人傳記的人，同時又是一個殺人不眨眼、歹毒的人。他有一雙神情憂鬱的漂亮眼睛、尖尖的鷹勾鼻，從他的外貌看起來，既像一個不知疲倦的工人，又像一個不怕死的士兵，但更像一個寡廉鮮恥的外交家。而現在，所有這些危險的力量，都集中到同一個理想上：既要大大超越他的祖父巴耶濟德一世和父親穆拉德二世所建樹的業績──他們兩人曾用新興土耳其國家的強大軍事優勢，第一次教訓了歐洲。不過，他的第一個目標是要攻克拜占庭城──這顆留在君士坦丁和查士丁尼皇冠上的最後瑰寶──大家都清楚，且都已感覺到這一點。

　　事實上，對一個決心如此大的人來說，這顆寶石已經沒有任何保護，而是唾手可得了。當年，拜占庭帝國──即東羅馬帝國──的幅員，曾一度包括世界幾個大洲，從波斯一直到阿爾卑斯山脈，再從另一方向延伸到亞洲的沙漠地帶，走了幾個月的時間，也無法穿越全境，真可謂是一個世界帝國，但

現在只要步行三個小時就能輕鬆走遍整個國家。當年的拜占庭帝國，如今只可憐的留下一個沒有軀體的腦袋、一個沒有國土的首都——君士坦丁堡，即君士坦丁之城、古代的拜占庭。況且，屬於今日東羅馬皇帝的，也已經不是昔日的拜占庭城，而僅僅是它的一部分，即只限於市區。因為城郊的加拉太已落入熱那亞人的手中，城牆以外的所有土地，也都已被土耳其人占領。這最後一位皇帝的帝國，僅剩這樣一塊彈丸之地了。人們稱之為拜占庭的，只不過是一座環繞著教堂、宮殿和一排排屋宇的巨大城牆之內的天地。這座城市由於遭到十字軍的大肆劫掠和毀壞，已元氣大傷；兵災、瘟疫使城內人口驟減；連年不斷地抵禦游牧民族的侵犯，已精疲力竭；加之民族和宗教的紛爭不斷，內部四分五裂。現在面臨這個早已全副武裝的軍隊，從四面八方包圍自己，根本無法靠自己的力量來進行抵抗。它既缺乏人員，又缺乏勇氣。拜占庭的末代皇帝君士坦丁十三的寶座已搖搖欲墜，他的皇冠正在聽憑命運的擺布。但是，正因為拜占庭已被土耳其人團團包圍，也正因為它集中了整個西方世界幾千年來古老的共同文化而被奉為聖地，拜占庭城對歐洲來說，才成為榮譽的象徵；只有當統一的基督教世界共同來保衛它在東方的這個最後的、且已在土崩瓦解的堡壘，聖索菲亞大教堂——東羅馬帝國最後和最富麗堂皇的東正教教堂——才能作為信仰基督的教堂而繼續存在。

君士坦丁十三立刻認清這種危險。儘管穆罕默德二世滿口和平的言論，但他還是懷著那種人們可以理解的惴惴不安的心情，向義大利、向教皇、向威尼斯、向熱那亞派去一個又一個使節，請他們派大戰船和士兵過來。然而羅馬猶豫不決，威尼斯也是如此。因為東派教會和西派教會之間那種古老宗教信仰上的裂痕，至今依然存在。希臘正教憎恨羅馬公教，希臘正教的牧首拒絕承認羅馬教皇是最高牧師。雖然因面臨土耳其人的危險，在費拉拉和佛羅倫斯的兩次宗教會議上，早已決定兩教會重新統一，並保證會支援拜占庭反對土耳其人的鬥爭，以此為統一的條件。但是當拜占庭面臨的危險剛不再如此火燒眉毛時，希臘正教的一些教會又都拒絕讓條約生效。一直到穆罕默德二世已經成為蘇丹，危急的形勢才戰勝了東正教會的固執。拜占庭一方面向羅馬傳送自己順從的消息，同時也請求緊急支援。於是，一艘艘大戰船開始配備起彈藥和士兵。不過，羅馬教皇的使節先乘著一艘帆船到來，他要來隆重地完成西方兩個教會和解的事宜，並向世界宣布：誰進攻拜占庭，就是向整個基督教世界挑戰。

和解的彌撒

　　那是12月的某天，富麗堂皇的聖索菲亞大教堂 —— 它從前那種由大理石和玻璃鑲嵌細雕的圖案，以及那些燦爛奪目的

裝飾品所形成的金碧輝煌，是我們今天從它改成的清真寺中，無法想像的——一派隆重莊嚴的場面，教堂裡正在為兩派的和解舉行盛大的慶祝活動。君士坦丁皇帝在他帝國的所有顯貴們的簇擁下，出席了這次慶祝活動。他想以皇帝的身分，成為這次「永遠和睦一致」的最高見證人和保證人。被無數蠟燭照得通明的寬敞大廳裡，擠滿了人。羅馬教廷的使節伊斯多魯斯和希臘正教的牧首格里高利，在聖壇前親如兄弟似的一起做彌撒。在這座教堂裡，第一次重新提到教皇的名字；第一次同時用拉丁語和希臘語唱虔誠的讚美詩，餘音在這座永存的主教堂的拱頂間繚繞。與此同時，已經達成和解的兩派教士，列隊把聖斯皮里頓的聖體，莊嚴地抬進來。看來，東西兩派的宗教信仰從此永遠聯合在一起了。歐洲的觀念——即西方精神——經過漫長歲月的罪惡爭執，終於重新達成一致。

然而理智與和解的時刻，在歷史上從來都是短暫和容易消逝的。正當共同禱告的虔誠聲音在教堂裡越來越響之際，那位博學的修道士蓋納蒂奧斯，已經在外面的一間修士室裡，激烈地指責那些講拉丁語的人背叛了真正的信仰。剛由理智撮合而成的和平統一，又被盲目信仰的狂熱所破壞，而且正如這位希臘教士不想真正屈服一樣，地中海另一端的朋友們，也並不想提供他們已經許諾的援助。雖然向拜占庭派了幾艘戰船和數百名士兵，但隨後也就讓這座城市聽天由命了。

戰爭開始

　　一切正在準備戰爭的強權統治者都一樣，當他們的準備工作還沒有完全就緒以前，總是竭力散布和平論調，穆罕默德也是如此。他在自己的加冕典禮時，接見了君士坦丁皇帝的使團，向他們說盡了最友好、最讓人寬心的話。他鄭重其事地向真主及其在世的代言人穆罕默德教主、天使們和《古蘭經》公開發誓：他要最忠實地信守和拜占庭皇帝簽訂的一切條約。但與此同時，這個表裡不一的傢伙，卻又和匈牙利人和塞爾維亞人達成一項為期三年的雙邊中立協定 —— 他要在這三年時間內，不受干擾地攻下拜占庭。穆罕默德要在信誓旦旦地作出足夠的和平許諾後，才會在適當的時機挑起戰爭。

　　直到目前為止，博斯普魯斯海峽只有亞細亞（亞洲、東方）一岸是屬於土耳其人的。所以拜占庭的船隻仍能暢通無阻地穿過海峽、駛進黑海，前往自己的糧倉。現在，穆罕默德要切斷這條通道，因此他也不管有沒有道理，便下令在海峽的歐洲一岸，魯米利亞省附近海峽最狹窄的地段，建立一個要塞（古代波斯人逞能時，勇敢的薛西斯就是在此渡過海峽的）。於是一夜之間，成千上萬的土方工人來到歐洲這一岸。而按照條約規定，歐洲一岸是不允許構築工事的，不過，對強權者來說，條約又算什麼？這些工人為了自己的生活，把周圍的莊稼劫掠一空，為了獲得建築城堡用的石塊，他們不僅拆毀一般的房舍，還拆

毀了久已聞名的聖米迦勒教堂。蘇丹親自領導這項晝夜不歇的要塞建築工程，而拜占庭卻不得不、無可奈何地眼望著他們違背公理和條約，切斷它通向黑海的這條自由通道。那些想要通過這個迄今還是公海的第一批船隻，已經在和平之中遭到炮擊。在這第一次顯耀武力成功之後不久，也就不需要任何偽裝了。西元 1452 年 8 月，穆罕默德把他的所有文武高階官員召集在一起，向他們公開宣布自己要進攻和占領拜占庭的意圖。隨著這個宣告，野蠻行動不久就開始了，傳令官被派往土耳其帝國境內的四面八方，去徵召能進行戰鬥的人。1453 年 4 月 5 日，一支望不到盡頭的鄂圖曼帝國軍隊，像滾滾湧來的潮水，突然出現在拜占庭城牆之外的平原上。

蘇丹騎著馬，一身豪華壯麗的戎裝，走在自己部隊的最前面，他要在呂卡維多斯隘口前紮起自己的營帳。但是，在他叫人在自己的統帥部隊前面升起帥旗之前，他先叫人在地上鋪好祈禱用的地毯。他跣足而上，跪拜在地，面向麥加磕了三個頭；在他身後是成千上萬的部下，他們和他一起朝著同一方向磕頭，用同樣的節奏向真主念著同樣的禱告，祈求真主賜予他們力量和勝利 —— 那真是一派非常壯觀的場面。然後蘇丹才站起身來，卑恭者又變成了挑戰者，真主的僕人又變成了主人和戰士。此刻，他的那些「傳令兵」，即傳諭的差役，急急忙忙走遍整個營地，一邊敲著鼓、吹著軍號，進一步宣告：「圍攻拜占庭城的戰鬥已經開始。」

城牆和大炮

現在的拜占庭，它的唯一依靠和力量，只剩下城牆了。昔日的拜占庭，它的版圖曾橫跨幾大洲，然而，這樣一個偉大而又美好的時代，留給今天拜占庭的遺產，僅僅是它的城牆而已，別無其他。這座呈三角形的城市，在它的底部有三道防線，在它的兩條斜邊，即沿著馬爾馬拉海和金角灣的岸邊，是低矮但始終十分堅固的石頭圍牆；而對著大片開闊地的那一面，則是一座巨大壁壘型的城牆，即所謂狄奧多西城牆。在他之前，君士坦丁早已看到拜占庭未來的危險，所以用大方石把城圍了一圈，在他以後，查士丁尼又把城牆進行了擴建和加固。但是真正建立起主體防禦工事的，則是狄奧多西二世，他建造了7公里長的城牆。今天爬滿常春藤的殘餘遺跡，足以證明當年石塊的堅固力量。這座用平行的兩層和三層建築起來的氣勢雄偉的城牆，上面有凹形的眼口和雉堞，前面有護城壕，還有方石壘起的堅固望樓守衛著。一千多年來，歷代皇帝都要把它加固和重修，因此它也就成了不可攻克的代表。這些用石塊築成的壁壘，在以前曾嘲弄過蠻族部落蜂擁而至的拚命衝擊和土耳其人的人海戰術，現在它又同樣嘲弄那些迄今發明的一切戰爭工具。攻城用的撞槌撞到牆上，它文風不動；羅馬式的攻城槌、以至新式的野戰炮和臼砲，對這屹立的城牆也是無可奈何。由於這座狄奧多西城牆，沒有一座歐洲城市能有比君士坦

丁堡更好和更堅固的保護了。

現在，穆罕默德比誰都更了解這座城牆，知道它的厲害。幾個月來，或者說幾年以來，他夜不成寐，甚至在夢中還想著：怎樣才能攻克這不可攻克的城牆、摧毀這不可摧毀的城牆。在他的桌子上，堆放著許多圖樣、量尺、敵方工事的草圖。他知道城牆內外的每一處小丘、每一塊窪地、每一條水流，他的工程師們與他一起把每一個細節都考量得十分周詳，但令人失望的是，他們所有的計算結果都一樣：如果使用現在的臼砲，是無法摧毀這座狄奧多西城牆的。

也就是說，必須製造更大的臼砲！必須有一種比迄今在戰爭中使用的火炮炮筒更長、射程更遠、威力更大的火炮！還必須用更堅硬的石頭，製造一種比迄今的石彈更重、更有攻堅力和摧毀力的彈頭！要對付這座難以接近的城牆，必須發明一種新的重炮，此外沒有任何別的方法。穆罕默德表示，要不惜一切代價製造出這種新的進攻武器。

不惜一切代價 —— 這種表示，本身就會喚起無窮的創造力和推動力。所以，宣戰後不久，就有一個男子來到蘇丹面前。他是當時世界上最富於創造性和經驗最豐富的鑄炮能手。他的名字叫烏爾巴斯，或者奧爾巴斯，是一個匈牙利人，雖然他是基督教徒，且前不久還剛為君士坦丁皇帝效勞過，但他希望能在穆罕默德手下，為自己的技藝，獲得更高的報酬和更獨創的

使命。於是他稟告說，如果能向他提供無限的經費，那麼他就可以鑄造出一種至今世上無與倫比的最大火炮。他的希望沒有落空，就像任何一個被專一的念頭迷了心竅的人一樣，蘇丹已不再計較錢的代價，他立刻答應給他工人，要多少給多少，同時派出成千輛的車子，把礦砂運到亞德里亞堡。經過三個多月的時間，在鑄炮工人不停歇的努力下，一個採用祕密的淬火方法製成的黏土模坯已準備就緒，只等用火紅的鐵水進行澆鑄了。這道激動人心的工序，也獲得了成功。大炮已經造好了，從模具裡脫坯而出，且進行冷卻的巨大炮筒，是迄今世界上最大的。不過，在進行第一次發射試驗以前，穆罕默德先派出他的傳令兵走遍全城，去提醒那些懷孕的婦女當心。然後，隨著一聲巨雷般的聲響，從閃電般發亮的炮口，噴出一顆碩大的石彈，一下子就把一堵城牆摧得粉碎。於是穆罕默德立刻下令，全體裝備均用這種特大尺寸的大炮。

這一門巨大的「擲石器」—— 希臘的著述家們後來才心有餘悸地把它稱為大炮 —— 看來已製造成功。不過還有一個更困難的問題：怎樣才能把這種像巨龍似的鑄鐵怪物，拖過整個色雷斯，運到拜占庭的城牆前呢？於是，一次前所未有的苦難歷程開始了。全民動員，全軍動員，用了兩個月的時間，才把這長脖子、硬邦邦的龐然怪物拖來。先派出一隊一隊的騎兵在前面巡邏開道，以防這寶貝遭到襲擊，隨後是數百、也許數千名

的土方工人，進行夜以繼日的挖土和運土工作，為的是要隨時把崎嶇不平的道路剷平，以便運送這無比沉重的大炮，因為運輸幾個月之後，這些道路又會被毀壞得不成樣子。50 對平列兩行的公牛，拖著一輛有防禦裝置的巨車，金屬炮筒的重量，均勻地分布在巨車的所有輪軸上 —— 就像從前把方尖塔從埃及運到羅馬去一樣。還有 200 名壯工，始終從左右兩邊扶著這個因自身重量而搖搖晃晃的炮筒；同時，50 名車匠和木匠，不停地忙著更換滾木、為滾木塗潤滑油、加固支架、搭造橋梁。誰都明白，這樣一支龐大的運輸隊，只能像老牛邁步似的，用最慢的速度，才能越過山嶺和草原。村落裡的農民驚奇地聚集在村口，在這鐵鑄的怪物前劃著十字，因為它看起來好像一尊戰神似的，被他的僕人和教士從一個國家運到另一個國家。不過，沒有多久，又有好幾個這種出自同一個模坯的鐵鑄怪物，被人用同樣的方式從眼前拖過去。人的意志又一次使不可能的事情變成可能，現在，已經有 20 或 30 個這樣的龐然大物，向拜占庭張著黑色大口，重炮隊從此載入了戰爭的史冊。東羅馬帝國皇帝的千年城牆和新蘇丹的新大炮之間，一場較量開始了。

再次寄予希望

巨型大炮用閃電般的火舌緩慢地、始終不停地、不可抗拒地蠶食和咬碎著拜占庭的壁壘。開始時，每天只能發六、七

次炮，但儘管如此，蘇丹卻每天總有新的進展。每擊中一炮，便塵土瀰漫、碎石橫飛，眼看著這座石頭壁壘劈里啪啦地塌下去，從中又出現一個新的缺口。雖然被圍困在城裡的人，到夜裡用那些木柵欄和亞麻布團把這些洞口堵住，但這畢竟不再是原來那座未受損傷、堅不可摧、能躲在它後面進行戰鬥的城牆了；現在，壁壘後面的八千人部隊，一直在驚恐地設想著那決戰時刻，到那時，穆罕默德的 15 萬軍隊將會對這已經千瘡百孔的防禦工事，進行決定性的攻擊。目前正是千鈞一髮的時刻，歐洲世界、整個基督教世界，該是想到自己諾言的時候了。在城內，成群的婦女帶著她們的孩子，整天跪在教堂聖人遺骨的木匣前；士兵們在所有的瞭望塔上日日夜夜觀察著：在這土耳其人的船隻到處游弋的馬爾馬拉海上，是否終有期待中的教皇和威尼斯的增援艦隊出現？

4 月 20 日凌晨 3 點鐘，他們終於發出燈光訊號，因為看到遠方有船帆出現。那雖然不是魂牽夢縈的基督教世界派來的強大艦隊，但畢竟是三艘巨大的熱那亞船，乘風破浪、徐徐駛來，跟在後面的第四艘船，是一艘較小的拜占庭運糧船，它擠在三艘大船中間，仰仗著它們的保護。君士坦丁堡全城的人立刻聚集在臨海的城牆上，準備歡迎這些支援者。不過，與此同時，穆罕默德也跨上了他的戰馬，離開自己的硃紅營帳，向停泊著土耳其艦隊的港口飛馳而去，命令要不惜一切代價，阻止

這些船隻駛進金角灣，阻止它們駛進拜占庭的港口。

於是幾千支槳頓時在海面上嘩嘩地響起。土耳其艦隊有150艘戰船——雖然船身略小一些。這150艘裝備著鐵爪篙、擲火器、射石機的三桅帆船，一齊向那4艘大櫓戰船駛去。可是，那4艘大船得力於強大的順風，速度遠遠超過這些帶著武器、且狂叫怒罵的土耳其船隻。四艘大船鼓著圓圓的寬大風帆，不慌不忙地航行著，絲毫不擔心這些進攻者。它們向金角灣的安全港口駛去，因為在拜占庭城區和加拉太之間那條著名的鐵鍊，一直封鎖著海口，會保護它們免遭進攻和襲擊。現在，眼看四艘大船就要到達最後目的地了，城牆上的幾千人已能辨認船上的每張面孔。男人們和婦女們都已跪下身來，為了能得到這光榮的拯救而感謝上帝和聖徒們；港口的鐵鍊已在放下，鋃鐺作響，準備迎接這幾艘增援船。

可是正在此時，卻發生了一件可怕的事。風忽然停住，好像被一塊磁石吸住似的，四艘大船死死地停止在大海中，離能夠進行援救的港口，恰恰只有幾箭之遠。於是，敵人的所有戰船，立刻像一群獵犬似的，朝這四艘癱瘓了的大船撲來，狂聲歡呼；而這4艘大船卻宛若四座塔樓，一動不動地僵立在大海裡。16艘敵人的戰船，像獵犬般緊緊咬住大船，這些小船用鐵爪篙勾住大船的兩側；為了把它們弄沉，用刀斧狠狠地砍；為了把它們點燃，越來越多人爬上錨鍊，向帆篷投擲火炬和燃燒

的柴禾。土耳其艦隊的司令，毅然命令自己的旗艦，向那艘運糧船衝去，想從側面把它撞傷。這下子兩艘船已經像角力士似的扭在一起了。雖然開始時，熱那亞的水兵由於頭盔的保護，還能從高出的甲板上抵抗攀登上來的人，還能用刀斧、石塊和希臘人的火把擊退進攻者。但這場搏鬥肯定會很快結束，因為這是一次力量非常懸殊、寡不敵眾的戰鬥。熱那亞的船必敗。

對城牆上的幾千人來說，這是非常可怕的場面！這些平時在古希臘戰車競技場上，懷著無比樂趣觀看血腥搏鬥的人，現在卻懷著無比的痛苦，目睹這場海上的大拚殺。他們覺得自己這一方的失敗是不可避免的，因為最多剩兩小時，這四艘船就會在這大海的競技場上，死於敵人的獵犬之下。這些救援者雖然來了，但卻純屬徒勞！君士坦丁堡城牆上絕望的希臘人，離他們自己的弟兄僅僅一箭之遠，可是只能站在那裡緊握著拳頭，氣急敗壞地狂喊，而無法前去幫助來救援自己的人。一些人作出鼓舞的姿態，企圖激勵那些正在戰鬥的朋友們；另一些人雙手伸向天空，呼喚基督和大天使米迦勒，呼喚他們自己教派的所有聖者，和許多年以來曾經保護過拜占庭的僧侶的名字，祈求他們能創造奇蹟。但是土耳其人在對面的加拉太岸邊，也同樣在期待、喊叫，用同樣的熱情，祈禱自己這一方的勝利。大海變成了舞臺，海戰成了鬥士表演。蘇丹本人已騎著快馬趕來，周圍是一群自己的高階將領，他催馬下到海灘水

中，以至濺溼了上衣；他用雙手在嘴邊合成傳聲筒，用怒氣沖沖的聲音，向自己的士兵高喊，命令他們無論如何也要擒住這些基督教徒的船隻。當他看見自己的三桅戰船中有一艘被擊退回來，他叱責不停，同時揮舞那柄彎刀，威脅自己的海軍司令說：「如果你無法獲勝，就別活著回來。」

雖然4艘基督教徒的船隻還停在那裡，但是戰鬥已接近尾聲，從4艘大船上，向土耳其人的三桅戰船還擊的石彈，已開始稀稀落落。在和比自己優勢五十倍的敵人進行幾小時的戰鬥後，水手們的手臂已疲乏不堪。白晝已快結束，太陽已經西沉。縱然到目前為止，這4艘大船還沒有被土耳其人攻占，但至少還要幾小時像這樣毫無防禦地暴露在敵人面前，同時被水流沖到加拉太後面土耳其人占領的岸邊。完了，完了，完了！

可是，就在這時，又發生了意外的事。這在拜占庭城上那群絕望、怒號、叫苦不迭的人看來，簡直是出現了奇蹟。一陣微風開始吹來，接著風越颳越大。4艘大船上乾癟的篷帆，頓時鼓得又大又圓。風，渴望和祈求的風，終於又出現了。4艘大戰艦的船頭，勝利地高昂了起來，隨著猛一下鼓起風帆，船突然啟動，又超出了圍困在四周的敵人船隻。它們自由了，它們得救了。在城牆上幾千人暴風雨般的歡呼聲中，第一艘船已駛進了安全的港口，接著是第二艘、第三艘、第四艘。剛才放下封鎖海面的鐵鍊，現在又重新拉起，擋住了外面的船隻，土耳其

人那群獵犬似的小船，在它們後面的海面上，已無可奈何地東
分西散。在這惘然密布、絕望的城市上空，又迴響起希望的歡
呼聲，猶如彩虹祥雲。

戰艦翻山越嶺

　　被圍困的人整整一夜都沉浸在狂熱的歡樂之中。這一夜讓
他們忘乎所以，浮想聯翩，眼前出現的這一線希望，有如夢
中甜蜜的迷魂湯，讓他們神志不清。這些被圍困的人，在這天
夜裡，相信自己已得到拯救和安全。因為他們夢想著，從現在
起，每星期都會有新的船隻到來，而且會像這四艘船上的士兵
和口糧一樣，順利上岸。歐洲沒有把他們忘記。他們在眼前這
種期望中，好像看到包圍已經解除，好像他們已經讓敵人失去
勇氣和戰勝了敵人似的。

　　但是，穆罕默德也是個夢想家 —— 雖然他是另一種更富於
奇思異想的夢想家 —— 這類夢想家懂得如何透過自己的意志，
把夢想變成現實。正當那幾艘大戰船，誤以為自己在金角灣的
港口裡十分安全之際，穆罕默德制定出一項極富幻想的大膽計
畫，這項計畫在戰爭史上，可以與漢尼拔和拿破崙最大膽的行
動媲美。拜占庭像一個金蘋果似的就在他的眼前，可是他卻無
法拿到手。進攻的主要障礙，是凹得很深的海岬 —— 金角灣，
這個盲腸形狀的海灣，防衛著君士坦丁堡的一側。想進入這個

海灣，事實上是不可能的，因為入口處的旁邊，是熱那亞人的據點城市加拉太，穆罕默德曾承諾給這座城市中立地位。且從這裡到那座敵人的城池，拜占庭之間還橫攔著一條鐵鍊。所以他的艦隊不可能從正面衝入海灣，而只能從熱那亞人領地邊緣的內部水域出發，去襲擊那些基督教徒的戰艦。可是一支艦隊怎樣到達這海灣的內部水域呢？當然，可以在這海灣裡面建造一支艦隊，不過，這又不知要用多少個月的時間，而如此急不可耐的蘇丹，是等不了這麼長的時間的。

於是，穆罕默德想出一項天才的計畫，把他的艦隊從無法施展力量的外海，越過岬角運到金角灣裡面的內港，就是把成百艘的戰船拖越過多山的岬角地帶。這是一個令人瞠目結舌的大膽想法，完全是史無前例的，它顯得那麼荒誕不經和不可實現，以致拜占庭人和加拉太的熱那亞人，從來沒有想到過，會有這種戰略計畫，就好像他們之前的羅馬人和他們之後的奧地利人，沒有想到漢尼拔和拿破崙的軍隊，會神速地越過阿爾卑斯山一樣。按照世間所有人的經驗，船隻能在水裡航行，從來沒有聽過艦隊可以越過一座山。然而正是這種把不可能變成現實，才是一種意志的真正象徵。而且人們總是從中發現一位軍事天才，這種天才往往嘲弄那種照戰爭規則進行的戰爭，而是在特定的時刻，不因循守舊、隨機應變。於是，一次在編年史上無與倫比的大規模行動開始了。穆罕默德叫人靜悄悄地運來無數圓木頭，又叫工匠們製成滑板，然後把從海面拖上來的

船，固定在這些滑板上，就像固定在活動的船塢上一般。與此同時，成千名土方工人也開始工作，為了運輸的需求，把那條經過培拉山丘的狹窄山路，從上坡到下坡，一律填得盡可能平整。不過，為了在敵人面前掩飾突然集結這麼多的工匠，蘇丹命令部隊，每天夜裡向除中立的加拉太城以外的周圍地區，連續發射臼砲。發射這些臼砲本身毫無意義，唯一的意義就是轉移敵人的注意力，以掩蓋自己的船隻越過山地和峽谷，從一個水域進入到另一個水域。當拜占庭城裡的敵人正在忙碌，且以為進攻只會來自陸路時，無數塗滿了油脂的圓木頭開始滾動，釘在滑板上的船隻，就在這些巨大的滾木上面，一艘接著一艘被拖著越過那座山，前面由兩行數不盡的水牛拖著，後面由水兵們幫忙推。當夜幕剛剛降臨，這種奇異的遷移就立刻開始。世間一切偉大的壯舉總是默默完成的；世間一切智者總是深謀遠慮的。這奇蹟中的奇蹟，整整一支艦隊，越過山嶺，終於成功了。

在一切偉大的軍事行動中，決定性的關鍵，始終是出其不意、攻其不備。在這方面，穆罕默德的特殊天才，尤其顯得不同凡響。對於他的意圖，事先無人察覺。這位天才的謀略家，有一次在談到自己時，曾這樣說過：「如果在我的鬍鬚中，有一根毫毛知道了我的想法，我就會把它連根拔掉。」正當臼砲大張聲勢地向拜占庭的城牆轟擊時，他的命令在最周密的安排下付諸實施了。4 月 22 日這一天夜裡，70 艘戰船終於越過山崗和峽

谷，穿過種植葡萄的山丘、田野和樹林，從一個海面運到另一個海面。第二天早晨，當拜占庭的市民看見一艘掛著三角旗、載著水兵的敵人艦隊，好像被神的手送來似的，在他們誤以為無法接近的海灣中心航行時，他們還一直以為自己在做夢。當他們揉著眼睛，還不明白這樣的奇蹟從何而來時，在他們迄今由海港保護著的這一面城牆底下，已經歡呼和吶喊聲四起，軍號、銅鈸、戰鼓齊鳴。除了加拉太那一片狹窄的中立地帶以外，隱藏著基督教徒艦隊的整個金角灣，已經因這個天才的計謀，而屬於蘇丹和他的軍隊了。現在，他可以指揮部隊，從自己的浮橋上，毫無阻礙地向拜占庭城牆較薄弱的這面發起進攻了。這薄弱的一翼既然受到了威脅，由於地廣人稀而本來就已十分可憐的防線，就顯得更脆弱了。鐵的拳手已經把這犧牲者的咽喉掐得越來越緊。

救救吧，歐洲！

被包圍者不再自己欺騙自己了。他們知道，即便能把這已有了裂口的一翼牢牢守住，如果沒有緊急增援軍隊的到來，在這千瘡百孔城牆後面的 8 千人，要抵擋 15 萬人，是堅持不了多久的。不過，威尼斯的執政官不是極其鄭重地答應過要派來戰船嗎？如果西方最華麗的教堂 —— 聖索菲亞大教堂 —— 有變成異教徒清真寺的危險，教皇能無動於衷嗎？難道困於內部紛

爭、被層出不窮的無謂猜忌而弄得四分五裂的歐洲，還始終不明白西方文化所面臨的危險嗎？被圍困的人們一直這樣安慰自己：「也許一支增援艦隊早已準備好，只是因沒有意識到形勢的險惡，而遲遲不願出航」，但現在，事實足以讓他們了解，這種將會導致滅亡的遲疑，該負多麼巨大的責任。

然而，怎麼通知威尼斯艦隊呢？馬爾馬拉海上到處是土耳其的船隻，倘若整個艦隊一齊出動，那就意味著要冒徹底毀滅的危險，況且會讓城防減少數百名兵力。於是決定只派出一艘只能坐少數幾個人的、非常小的船去冒險。總共是 12 名男子 —— 如果歷史是公正的話，那麼他們的名字應該像「阿爾戈」船上的英雄們一樣，為人們所傳誦，可惜我們不知道他們任何一個人的名字 —— 去勇敢地從事這項英雄壯舉。在這艘雙桅小帆船上掛起一面敵人的旗幟，為了不引起注意，12 名男子一身土耳其式的打扮，纏上穆斯林的頭巾或戴著土耳其毯帽。5 月 3 日的午夜光景，封鎖海面的鐵鍊悄悄地鬆開了，這艘勇敢的小船，在黑夜的掩護下划了出去，盡量不發出划槳的聲音。你看，簡直神奇極了，這艘輕巧的小船穿過達達尼爾海峽，駛進愛琴海，竟沒有被人認出來，像往常一樣，正是這種非凡的勇敢，麻痺了對方。穆罕默德什麼都考量到了，只是沒有想到這件不可思議的事情：一艘乘著 12 名勇士的單獨小船，勇於穿過他的艦隊，進行一次阿爾戈英雄們式的航行。

但是，令人悲傷絕望的是，在愛琴海上，沒有看到一艘威尼斯的帆船，沒有一支艦隊準備出發。威尼斯和教皇都已將拜占庭忘卻了，他們全都熱衷於雞毛蒜皮的教會政治，而忽視了信譽和誓言。這種悲劇性的時刻，在歷史上是屢見不鮮的。正當亟需團結一切可以團結的力量，來保衛歐洲文明時，各路諸侯和國家卻不能暫時把自己的小小紛爭擱下。熱那亞認為，把威尼斯撇到一邊，比聯合幾個小時，向共同的敵人作戰更重要；反之，威尼斯對熱那亞也是這種態度。海面上空空蕩蕩，這些勇敢的人坐在核桃殼似的小船裡，絕望地從一個島嶼划到另一個島嶼，但到處都是已經被敵人占領的港口，沒有一艘友軍的船隻還敢在這作戰區域內航行。

現在該怎麼辦？12人當中，有幾個已經情有可原地失去了勇氣。他們覺得重返君士坦丁堡，再去走一趟那危險的路程，又有什麼意義呢？因為他們不可能帶回任何希望，說不定那座城市已經陷落；如果他們再回去，等待他們的不是被俘，就是死亡。可是，這些誰也不知名的英雄們中的大多數人，始終豪情滿懷──他們還是決定回去。既然把一項使命託付給他們，他們就應該把它完成。把他們派出來是為了探聽消息，他們現在就必須把消息帶回家去，儘管是非常令人沮喪的消息。於是，這艘片葉之舟重新單槍匹馬，奮不顧身地穿過達達尼爾海峽、馬爾馬拉海和敵人的艦隊返回。5月23日，也就是他們

出發之後的第二十天，君士坦丁堡的人早以為這艘小船已經丟失，再也沒有人想到它會送來消息或回來。可是就在這一天，幾個哨兵突然從城牆上揮動小旗，因為一艘小船飛快地划著槳，正向金角灣駛來，被圍困的人大聲地歡呼，讓土耳其人警覺起來，這下子他們才驚奇地發現，這艘掛著土耳其國旗、肆無忌憚地駛過他們海域的雙桅帆船，原來是一艘敵人的船，於是駕出無數小艇，從四面向雙桅船衝去，想在它即將進入安全港口之前，將它逮住。小船的歸來，霎時讓拜占庭充滿得救的希望，以為歐洲一直記著這座城市，而上次駛來的那幾艘船僅僅是先遣部隊。成千的人歡呼、叫喊，不過這是非常短暫的時刻，到了晚上，真正的壞消息已四處傳開。基督教世界已將拜占庭忘卻，這些被禁錮在裡面的人是孤立無援的，如果他們不自己拯救自己，他們就會完蛋。

總攻前夕

每天每日的戰鬥，持續了將近六個星期之後，蘇丹變得不耐煩了。他的大炮已經在許多地方毀壞了城牆，但是，他指揮的所有這一切攻擊，到目前為止都被頑強地擊退了。對一個統帥來說，現在只剩下兩種可能：不是放棄包圍，就是在經過無數次個別小襲擊後，發起一次大規模的決定性總攻。穆罕默德把他的將領們召集起來，舉行作戰會議。他熱切的意志，戰勝

了一切顧慮。這次大規模的決定性總攻，決定在 5 月 29 日開始。蘇丹以他一貫的堅決態度，進行自己的準備工作。他安排了一次宗教盛典，15 萬人的部隊，從最高統帥到普通兵，全都必須完成伊斯蘭教規定的一切宗教禮儀 —— 進行小淨和白天的三次禮拜。所有現存的火藥和石彈都已運來，以加強炮兵的攻勢，為攻占拜占庭創造條件。全軍已為總攻分編成各個部分。穆罕默德從清晨忙到深夜，連一個小時都不休息。他騎著馬，沿著整個黃金角到馬爾馬拉海的廣大陣地，從這個營帳走到那個營帳，到處親自為指揮人員打氣和激勵士兵。不過，身為一個通曉別人心理的人，他知道怎樣才能最有效地煽動這 15 萬人的高昂鬥志。他許下了一項可怕的諾言 —— 以後他完全履行了這項諾言 —— 這既帶給他榮譽，也帶給他恥辱。他的宣諭差役敲著鼓、吹著號，到處宣讀這樣的諾言：「穆罕默德以真主的名義，以教主穆罕默德的名義和 4,000 先知的名義發誓、保證，他還以他父親穆拉德蘇丹的靈魂，用他孩子們的頭顱和他的軍刀發誓，在攻陷拜占庭城以後，允許他的部隊盡情劫掠三天。城牆之內的所有一切、器具和財物、飾物和珠寶、錢幣和金銀、男人、女人、孩子，都屬於打了勝仗的士兵，而他 —— 穆罕默德本人 —— 將放棄所有這些東西，他只要得到征服東羅馬帝國這個最後堡壘的榮譽。」

　　士兵們聽到這樣誘人的宣布之後，頃刻一片歡騰。響亮的

歡呼聲猶如風的怒號，一片叫喊真主、真主的祈禱聲，猶如海的咆哮，這聲音像一陣風暴，向已經心驚膽戰的拜占庭城捲去。「搶呀！搶呀！」這個詞簡直成為戰場上的口號，它隨著戰鼓迴盪，隨著銅鈸和軍號齊鳴。到了夜裡，軍營裡一片節日的燈海。被圍困者從自己的城牆上，看到平原和山丘上到處點燃燈光和火把，有如無數的星星。敵人在尚未獲得勝利以前，已經在用喇叭、笛子、銅鼓、手鼓慶祝勝利，真是叫人不寒而慄。那場面恰似異教徒祭司在獻上犧牲以前，那種吹吹打打、嘈雜而又殘酷的儀式。但是到了午夜時分，所有燈光又都根據穆罕默德的命令，突然一下子全部熄滅。幾千人的熱烈聲響戛然而止。然而，這種令人不安的一片漆黑和突然的沉默，顯然是不祥之兆，對那些被攪擾而心神不寧的竊聽者們來說，比亮光中的喧嚷、瘋狂的歡呼，更令人覺得可怕。

聖索菲亞教堂裡的最後一次彌撒

　　被圍困在城裡的人，不必派出任何一個探子，也不需要任何一個從敵人那邊投奔來的人，便可知道自己面臨的處境。他們知道，穆罕默德已經下達了總攻的命令，因而對未來的巨大危險和自己重大責任的預感，就像暴風雨前的烏雲，籠罩著整座城市的上空。這些平時四分五裂和陷於宗教紛爭的居民，在這最後幾個小時內，聚集在一起 —— 世間空前的團結，總是到

最危急的關頭才出現。為了大家都得出力保衛的一切：基督教信仰、偉大的歷史、共同的文化，東羅馬皇帝舉行了一次激動人心的儀式。根據他的命令，全城的人——東正教徒和天主教徒、教士和普通教徒、老老少少，都集合在一起，舉行一次空前絕後的宗教遊行。誰也不許待在家裡，當然，誰也不願留在家裡，從最富有的富翁，到赤貧的窮人，都虔誠地排在莊嚴的行列中，唱著「上帝保佑」的祈禱歌；隊伍先穿過城內，然後經過外面的城牆。從教堂裡取出的希臘正教聖像和聖人的遺物，抬舉在隊伍的前面。凡是遇到城牆有缺口的地方，就貼上一張聖像，彷彿它能比世間的武器更能抵抗異教徒的進攻。與此同時，君士坦丁皇帝把元老院的成員、顯貴人物和指揮官們召集到自己身邊，向他們作了最後一次講話，以激勵他們的勇氣。雖然他無法像穆罕默德那樣，向他們許諾無數的戰利品，但是卻向他們描述了他們將為全體基督教徒和整個西方世界贏得一種榮譽——如果他們擊退了這最後一次決定性的進攻；同時他也向他們描述了他們面臨的將是怎樣的一種危險——如果他們敗於那些殺人放火之徒的話。穆罕默德和君士坦丁兩人都知道，這一天將決定幾百年的歷史。

接著，那最後一幕——滅亡以前令人難忘的熱烈場面，也是歐洲歷史上最感人的場面之一——開始了。這些瀕臨死亡的人，都聚集在聖索菲亞教堂裡。自從基督教東西兩個教派建

立起兄弟般的關係以來，它是當時世界上最豪華的基督教主教堂。全體宮廷人員、貴族、希臘教會和羅馬教會的教士，以及全副武裝的熱那亞和威尼斯的水陸士兵，都聚集在皇帝四周。在他們後面是畢恭畢敬、安安靜靜跪在地上的好幾千人——黑壓壓的一群充滿恐懼和憂慮的老百姓，他們低著頭，口中念念有詞。蠟燭好像在和低垂的拱頂形成的黑暗進行費勁的搏鬥，照耀著這一片像一個人軀體似的跪在地上進行禱告的人群。這些拜占庭人正在這裡祈求上帝。這時，大主教莊嚴地提高了自己的嗓門，帶頭祈禱，唱詩班跟著與他唱和。西方世界神聖的聲音、永恆的聲音——音樂，在大廳裡再次響起。接著，一個跟著一個走到祭臺前，皇帝走在最前面，去領受誠篤帶來的安慰。一陣陣不停的祈禱聲，在寬敞的大廳裡繚繞，在高高的拱頂上迴旋。東羅馬帝國的最後一次安魂彌撒開始了，因為在查士丁尼建造的這座主教堂裡舉行基督教的儀式，這是最後一次了。

在舉行了這樣激動人心的儀式後，皇帝最後一次匆匆地返回皇宮，請自己的所有臣僕能原諒他以往對他們的不周之處，然後他騎上馬，沿著城牆，從這一端走到另一端，去鼓勵士兵，恰似他不可一世的敵手穆罕默德此時正在做的那樣。已經是深夜了，再也聽不到人聲和武器的聲音，但是城內的幾千人正以忐忑不安的心情，等待著白日的來臨，等待著死亡。

一座被忘卻的城門 —— 凱爾卡門

凌晨 1 點鐘，蘇丹發出了進攻的訊號。巨大的帥旗一展，隨著「真主、真主」眾口一聲的叫喊，數以萬計的人拿著武器、雲梯、繩索、鐵爪篙向城牆衝去，同時，所有的戰鼓敲起，所有的軍號吹響，震耳欲聾的大擂鼓、銅鈸、笛子聲，和人的吶喊、大炮的轟鳴，匯成一片，像是暴風雨的襲擊。那些未經訓練的志願敢死隊，毫不憐憫地被率先送到城牆上去 —— 他們半裸的軀體，在蘇丹的進攻計畫中，肯定只是替死鬼，為的是要在主力部隊作決定性的衝鋒前，讓敵人疲勞和衰弱。這些被驅趕的替死鬼，帶著數以百計的雲梯，在黑暗中向前奔跑，向城垛、雉堞攀登上去，但是被擊退了下來，接著他們又衝上去，就這樣接二連三地向上衝，因為他們沒有退路。在他們 —— 這些僅僅用來當成炮灰的無謂犧牲品 —— 的身後，已經站著精銳主力，他們不停地把這些替死鬼趕向幾乎是必死的境地。這些一穿就透的人肉裝甲，無法抵擋無數的矢箭和石塊，所以守在城上的人，暫時還處於優勢，但他們面臨的真正危險，是自己的疲憊不堪 —— 而這正是穆罕默德所算計的。城牆上的人，全身穿著沉重的甲冑，持續不停地迎戰不斷衝上來的輕裝部隊，他們一下子在這裡戰鬥，一下子又不得不跳到另一處去戰鬥，就在這樣被動的防禦中，他們旺盛的精力被消耗殆盡了。而現在，當進行了兩小時的搏鬥後，天已開始曚曚亮，由安納托利

亞人組成的第二梯隊發起了衝鋒，戰鬥也就越來越危險，因為這些安納托利亞人都是紀律嚴明、訓練有素的戰士，且同樣有網狀的鎧甲圍在身上。此外，他們在數量上占有絕對優勢，且事先得到充分的休息，相比之下，守在城上的人，卻不得不一下子在這裡，一下子在那裡，去保衛突破口。不過，進攻者所到之處還是不斷地被擊退下來。於是，蘇丹不得不用上自己最後預備的精銳部隊──鄂圖曼帝國的中堅力量、土耳其近衛軍。他親自率領這 1.2 萬名經過挑選的、身強力壯的士兵──當時被歐洲視為最優秀的軍旅，齊聲吶喊，向精疲力竭的敵人衝去。現在真正是千鈞一髮的時刻了，城裡所有的鐘都已敲響，號召最後還能參加戰鬥的人都到城牆上來，水兵們也都從船上被召集到城牆上，因為真正決定性的戰鬥已經開始。對守衛在城上的人來說，倒楣的是熱那亞部隊的司令、無比勇敢的朱斯蒂尼亞尼，被矢石擊中而身負重傷，他被抬到船上去了，他一倒下，使守衛者的力量一時發生了動搖。但是，皇帝已親自趕來阻擋這十分危險的突破，於是再次成功地把衝鋒者的雲梯推了下去；在這雙方殊死的搏鬥中，看來拜占庭又得到了喘息的機會。最危急的時刻已經過去，最瘋狂的進攻又被擊退。但是，就在此時，一次悲劇性的意外事故，一下子就決定了拜占庭的命運，是那神祕莫測的幾秒鐘裡的一秒鐘，決定了拜占庭的命運，就像有時候，歷史在它令人不解的決定中，所出現的那幾秒鐘一樣。

發生了一件完全無法想像的事。在離真正進攻的地方不遠，有幾個土耳其人經由外層城牆中的許多缺口衝了進來。他們不敢直接向內城牆衝去，但當他們十分好奇和漫無目的地在第一道城牆和第二道城牆之間四處亂闖時，他們發現在內城牆較小的城門中間，有一座城門——即稱為「凱爾卡門」的城門——由於無法理解的疏忽，竟敞開著。對它本身來說，這僅僅不過是一扇小門而已，在和平時期，當其他幾座大城門緊閉的幾小時內，這座小門是行人通行的地方。正因為它不具有軍事意義，所以在那最後一夜的激動中，顯然忘了它的存在。土耳其近衛軍此刻驚奇地發現，這扇門正在堅固的工事中，向他們悠閒地敞開。起初，他們以為這是軍事上的一種詭計，因為他們覺得這樣荒唐的事太不可思議了。通常，防禦工事前的每一個缺口、每一個小窗口、每一座大門前，都是屍體堆積如山，燃燒的油和矛槍會凶猛的飛下來，而現在，這裡卻像星期天似的一片和平，這扇通向城中心的凱爾卡門大敞著。那幾個土耳其人立刻設法叫來增援部隊，於是，整整一支部隊，沒有遭到任何抵抗就衝進了內城。那些守衛在外層城牆上的人絲毫沒有察覺，沒有料想到背部會受到襲擊。更糟糕的是，竟有幾個士兵發現在自己的防線後面有土耳其人時，不禁喊出聲來：「城市被攻下了！」在戰場上這樣喊出不確實的謠言，那真是比所有大炮更能置人於死地。現在，土耳其人也跟在這喊聲後面，大喊大叫地歡呼：「城市被攻下了！」於是，這樣的喊聲，

粉碎了一切抵抗。僱傭兵們以為自己被出賣了，紛紛離開自己的陣地，以便及時逃回港口，逃到自己的船上去。君士坦丁帶著幾個隨從，向入侵者浴血奮戰，但已無濟於事，他犧牲了，在亂哄哄的人群中，沒有人認出他來，他被打死了。到了第二天，人們在一大堆屍體中，才從一雙飾有一隻金鷹的硃紅靴上確認，東羅馬帝國的最後一位皇帝，光榮地以羅馬精神，隨同他的帝國一起同歸於盡。芝麻般的一次意外 —— 一扇被人忘記了的凱爾卡門，就這樣決定了世界歷史。

十字架倒下了

有時候，歷史是在作數字遊戲。因為剛好在羅馬被汪達爾人令人難忘地洗劫之後過了一千年，一場搶掠拜占庭的浩劫開始了。一貫信守自己誓言的穆罕默德，可怕地履行了自己的諾言。他在第一次屠殺以後，就聽任自己的士兵大肆搶劫房屋、宮殿、教堂、寺院、男人、婦女、孩子，數以千計的人像地獄裡的魔鬼，在街頭巷尾爭先恐後地追逐，互不相讓。首先遭到攻擊的是教堂，金製的器皿在那裡發亮、珠寶在那裡閃耀；而當他們闖進一家住房時，立刻把自己的旗幟掛在屋前，為的是讓隨後來到的人知道，這裡的戰利品已全部有主了。所謂戰利品，不僅僅是寶石、衣料、黃金、浮財，還包括婦女、男人和兒童；女人是蘇丹宮殿裡的商品，男人和兒童是奴隸市場上的

商品。那些躲在教堂裡的苦命人，被成群結隊地用皮鞭趕了出來。上了年紀的人，是沒有用的白吃飯和無法出賣的累贅，因此把他們殺掉了事；那些年輕人像牲口似的被捆綁起來拖走。大肆搶劫的同時，又進行了最野蠻的、毫無人性的破壞。十字軍在進行差不多同樣可怕的洗劫時，殘留下來一些寶貴的聖人遺物和藝術品，被這一群瘋狂的勝利者又砸、又撕、又毀壞，弄得七零八碎。那些珍貴的繪畫被燒毀了，最傑出的雕塑被敲碎了，凝聚幾千年智慧、儲存希臘人思想和詩作的不朽財富的書籍，被焚毀或漫不經心的丟掉了，從此永遠消失。人類將永遠不會完全知道，在那命運攸關的時刻，那扇敞開的凱爾卡門，帶來了什麼樣的災難；在洗劫羅馬、亞歷山卓和拜占庭時，人類的精神世界遭到多少損失。

　　一直到獲得這個偉大勝利的那天下午，當大屠殺已經結束時，穆罕默德才進入這座被征服的城市。他騎在自己那匹金轡馬鞍的駿馬上，神色驕矜而又嚴肅，當他經過那些野蠻搶掠的場面時，連看都不看一眼，他始終信守自己的諾言，不去打擾為他贏得勝利的士兵們正在做的可怕行徑。不過，對他來說，首要的不是去爭得什麼，因為他已經得到了一切，所以他傲慢地徑直向大教堂 —— 拜占庭的光輝中心走去。他懷著嚮往的心情，從自己的營帳裡，仰望聖索菲亞教堂閃耀、發亮而又不可及的鐘形圓頂，已經有五十多天了，現在他可以以一個勝利者

而長驅直入教堂的銅大門了。不過，穆罕默德還要克制一下自己的焦躁心情，在他把這教堂永遠獻給真主以前，他得先感謝真主。這位蘇丹卑恭地從馬背上下來，在地上磕頭，向真主祈禱禮拜，然後他拿起一撮泥土，撒在自己的頭上，為了讓自己記住他本人是個不能永生的凡人，因而不能炫耀自己的勝利。在他向真主表示了自己的敬畏之後，蘇丹這才站起身來，成為真主的第一個僕人，昂首闊步走進查士丁尼大帝建造的大教堂──神聖、智慧的教堂──聖索菲亞大教堂。

蘇丹懷著好奇和激動的心情細細察看這座華麗的建築，高高的穹頂、晶光發亮的大理石和馬賽克、精緻的弧形拱門，在黃昏中顯得格外明亮。他覺得這座用來祈禱、最最傑出的宮殿，不是屬於他自己的，而是屬於他的真主。於是他立刻吩咐叫來一個伊瑪目，讓他登上布道壇，從那裡宣講教主穆罕默德的信條。此時，這位土耳其君主面向麥加，在這基督教的教堂裡，向三界的主宰者──真主，做了第一次禱告。第二天，工匠們得到了任務，要把所有過去基督教的象徵統統去掉。基督教的聖壇被拆除，無辜的馬賽克被粉刷上石灰，高高矗立在聖索菲亞大教堂頂端的十字架，千年以來一直伸展著它的雙臂，環抱人間的一切苦難，現在卻倒在地上。

石頭落地的巨大聲音在教堂裡迴響，同時傳到很遠很遠的地方。因為整個西方世界都在為這十字架的倒坍而震顫。噩耗

可怕地在羅馬、熱那亞、威尼斯迴響，它像事先發出警告的巨雷，向法國、德國傳去。歐洲萬分恐懼地意識到，由於自己置若罔聞，這股劫數難逃的破壞力量，竟從那座忘卻了的、倒楣的凱爾卡門闖了進來，這股暴力將會遏制歐洲的勢力數百年。然而在歷史上，就像人的一生一樣，瞬間的錯誤會鑄成千古之恨，耽誤一個小時所造成的損失，用千年時間也難以贖回。

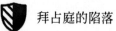

中世紀盛期知識的復興

四項主要知識成就

中世紀盛期主要的知識成就，表現在四個相關而又不同的方面：初級教育和掃除文盲的普及；大學的產生和發展；古典知識和伊斯蘭知識的傳入；西方人在思想領域所獲得的實際進步。其中任何一項成就，都足以使中世紀盛期在西方學術史上占據顯著的位置；四項成就合在一起，就開創了西方在知識文化上主導地位的時代，而此成為現代的一個界標。

初級教育的普及

西元 800 年左右，查理大帝下令，每一個主教轄區和修道院，都應興辦初級學校。雖然這個命令是否有被完整執行尚屬疑問，但在卡洛林王朝統治時期，肯定興建了許多學校。不過後來維京人的入侵，危及這些學校的繼續存在。

此時語法學校的教學較為文雅，先修語法，漸次進入邏輯、修辭和神學。在城鎮，初級教育勉力維持下去，但在西元 1050 年之前，初級教育發展的程度和品質，仍處於相當低的水

準。然而，此後，與在人類活動的其他領域進入全面發展期一樣，教育方面也呈現出蓬勃發展的局面。就連身歷這種變化的人，也為學校在歐洲普及的速度感到震驚。法國的一位修士在 1115 年寫到，1075 年前後，他在長大成人時，「教師極為罕見，在鄉村幾乎一個也沒有，在城市也微乎其微」，但在他成人之後，「眾多學校脫穎而出」，學語法「蔚然成風」。與此類似，一份編年史提到，1120 年前後，人們異乎尋常的學習修辭學，並進行實踐的新熱潮。顯然，經濟的復甦、城鎮的發展和強而有力政府的出現，使歐洲人得以前所未有地致力於基礎教育。

中世紀教育的變化

1. 主座學校的發展

中世紀盛期教育的勃興，不只表現為波隆納大學的法學班。

中世紀課程的核心是「三學科 (trivium)」—— 語法、修辭、倫理，和「四學科」—— 數學、幾何學、天文學、音樂，學生在掌握三學科後，才進而研修四學科。

教學的方式是師生進行口頭辯論。學校數目的增加，是因為學校的性質發生了變化，同時隨著時間的推移，課程表和上學的人員也發生變化。第一個重大變化，是 12 世紀的修道院培育外來人的做法。在此之前，由於當時別無其他學校教人們讀

書識字，因而修道院也收修道院修士之外一些有特權的人進院讀書。但到了 12 世紀，可作替代的學校十分充足。歐洲教育的主要中心，變成了位於方興未艾的城鎮中的主座學校。教皇統治制度對這個發展予以有力的支持，它在西元 1179 年下令，所有主座教堂都應留一部分收入供養一位學校教師，這樣這位教師就可以免費指導所有希望上學的人（不論窮人、富人）。教皇認為這個措施可以擴大訓練有素的教士和潛在的管理人員的人數，事實也的確如此。

2. 課程範圍增廣

主座學校在一開始幾乎完全只對教士進行基礎培訓，其課程設定只是為了讓學生具備基本的讀寫能力，能看懂教會禱告文即可。但在 100 年之後不久，學校的課程範圍增廣了，因為教會和世俗政府的發展，相應地需要越來越多訓練有素的、不僅會讀寥寥祈禱文的官員。法律再次得到重視，讓改進初級教育品質以培養未來的律師，變得尤為迫不及待。更重要的是，課程表中包括了熟練、掌握拉丁文法，並能用拉丁文寫作，其方法往往是學某些古羅馬經典著作，諸如西塞羅和維吉爾的作品。這些著作重新引起人們的興趣，人們試圖模仿他們的風格寫作，導致一些學者把這些現象稱為「12 世紀的文藝復興」。

3. 世俗教育的發展

在西元 1200 年左右之前，城鎮學校裡的學生仍以教士為主。就連那些希望成為律師或管理人員，而不只是教士的人，通常也發現擔任聖職是有好處的。但在 1200 年之後，更多不屬於教士階層且根本不想成為教士的學生，進入了學校。一些學生出自上層家庭，他們開始把識文斷字視為地位的一個象徵。其他學生是未來的文書（即起草官方檔案的人），或需要有一定識文斷字能力，並（或）掌握計算技能以便於經商的商人。一般說來，後一種人不會上主座學校，會進更常傳授實用技能的學校。在整個 13 世紀期間，這類學校如雨後春筍般發展起來，且完全不受教會的控制。不僅進入這些學校的學生是俗人，任教的教師往往也是俗人。隨著時間的推移，教學不再一直使用拉丁文，是轉而使用歐洲各種方言。

世俗教育興起的重要意義

世俗教育的崛起，是西歐歷史一個極具重要性的發展，這麼說有兩個互相關聯的原因。其一，在近一千年間，教會第一次失去了對教育的壟斷地位。學術以及由此產生的學術態度，現在可以變得更為世俗了，同時隨著時間的推移，這種趨勢越來越明顯。世俗人士不僅可以對教士進行評價和批准，而且可以完全按照世俗的方法進行研究。因而，西方文化最終成為世

界各種文化中，最不受教會控制、最不受與教會相關的傳統主義控制的一種文化。其二，世俗學校數目的增加，連同培育世俗人士的教會學校的發展，致使世俗人士中，能識文斷字的人數大大增加。到西元 1340 年，佛羅倫斯大致有 40% 的人口能識文斷字；到稍晚的 15 世紀，英格蘭總人口中，也大約有 40% 能識文斷字。（這些數字包括奴女，她們通常是在家中而不是在學校，由支薪的家庭教師或家庭中的男性成員教會識字的。）考量到 1050 年左右，幾乎完全只有教士能夠識字，識字人數只占西歐總人口的 1%，我們完全可以說發生了一場令人矚目的革命。沒有這場革命，歐洲的許多其他成就也是不可能達成的。

大學的起源

大學的產生，同樣是中世紀盛期教育繁榮的一個方面。就起源而論，大學是提供普通主座學校不能提供的、對高深研究進行指導的機構。這些高深研究包括高深的文科七藝和對法律、醫學和神學的專門研究。義大利最早的大學是波隆納大學，它在整個 12 世紀期間脫胎成形。雖然波隆納大學也傳授文科課程，但自 12 世紀產生，到中世紀結束，一直以是歐洲研究法律的主要中心而享有盛譽。在阿爾卑斯山脈以北，最早、最著名的大學是巴黎大學。與其他許多大學一樣，巴黎大學一開始是主座學校，但 12 世紀它開始成為北方公認的知識、學術、

生活中心。出現這種情況的一個原因，是學者們感受到日益強大的法國王權，其所提供進行學術研究必需的和平、安定的環境；另一個原因是該地農產品豐富、食物充裕；第三個原因是12世紀上半葉，當時最具魅力、最引起爭論的教師皮埃爾·阿伯拉爾（西元 1079～1142 年）在此巴黎主座學校任教。阿伯拉爾是法國經院哲學家，關於他在思想、文化方面的成就，我們將在下文論述。歐洲各地的學生蜂擁前來聽他講課，據當時一個荒誕不經的傳說，由於他有爭議的觀點，阿伯拉爾被禁止在法國土地上執教，他就爬上一棵樹，學生們圍坐在樹下聽他講課；當他被禁止在空中講課時，他就開始在船上講課，學生們聚集在兩岸聆聽他的教誨。由此可見，阿伯拉爾是多麼地激動人心。由於仰慕阿伯拉爾的聲譽，其他許多教師也在巴黎大學定居下來，開始進行比其他任何主座學校都還形式多樣和先進的教學活動。到了西元 1200 年，巴黎大學發展成專門教授文科七藝和神學的大學。大約在這個時期，曾在巴黎大學受教的依諾增爵三世教皇，把這所學校稱為「為整個世界烤製麵包的烤爐」。

中世紀大學分布圖　中世紀大學的本質

應當著重指出，大學這種機構，實際上是中世紀的發明。當然，在古代世界就有高階學校，但它們沒有固定的課程或有

組織的教職員工，同時它們也不授予學位。中世紀的大學，起初並不是學者聚集之地。「大學」一詞本意是指一個聯合體或行會。實際上，中世紀所有大學都是教師或學生的聯合體，它們像其他行會那樣組織起來，以保護自己的利益和權利。但是大學一詞逐漸用來指一種擁有一所文科學校及一個或更多從事法律、醫學和神學等專門學科教學的系院的教育機構。在約西元1200 年之後，波隆納大學和巴黎大學被視為大學的原型。在 13 世紀期間，牛津、劍橋、蒙皮立、薩拉曼卡、那不勒斯等著名的教學機構，紛紛建立起來或獲得正式認可。在德國，直到 14 世紀才有大學 —— 這反映了該地區四分五裂的狀態。但在 1385 年，德國大地上第一所大學 —— 海德堡大學建立了起來，其後許多大學很快就湧現出來。

中世紀大學的組織

中世紀歐洲的每一所大學都是以波隆納大學和巴黎大學這兩種不同的模型建立起來的。在義大利各地、西班牙以及法國南部，大學通常是以波隆納為藍本建立的，其中學生們自己構成一個委員會。他們聘僱教師，支付薪俸，可以解僱怠忽職守或教學效果不佳的教師，或予以罰款。北歐各所大學則以巴黎為藍本，它們不是學生的行會，而是教師的行會。大學包括四個系 —— 文科、神學、法律和醫學 —— 每個系都以系主任為

首。北方絕大多數大學都以文科和神學為主要分支。在 13 世紀結束之前，巴黎大學內部逐步建立起各個不同的學院。學院最初不過是捐贈給貧窮學生的住所，但最終，學院既是學生居住的中心，又是教學的中心。在歐洲大陸，這類學院在今天大多已不存在了，但在英格蘭，牛津大學和劍橋大學依然保留著自巴黎大學照搬過來的學院聯合組織模式。這種學院構成了各個半獨立的教育單位。

學習的科目

　　現代的大學組織和學位制度，大都源自中世紀的大學制度，但實際上，學習的科目發生很大的變化。中世紀的任何課程表中，都不包括歷史或類似現今社會科學的東西。中世紀的學生在進入大學之前，就要精通拉丁文文法 —— 他們是在小學或「文法」學校學到這些的。只有男性方能進入大學。在進入大學後，要花大約四年的時間學基本的文科技能，這就意味著要進一步鑽研拉丁文法和修辭學，並掌握邏輯原理。如果考試通過，他就可以無一例外地獲得初等的學位，即學士（bachelor of arts）。為了確保自己在職業生活中獲得地位，他通常必須再花幾年去獲取更高的學位，比如文學碩士，或法律、醫學或神學博士。要獲得碩士學位，就必須再用三、四年學數學、自然科學和哲學。這可以透過閱讀和評注古代經典之作（比如歐幾里

得，尤其是亞里斯多德的著作）來達成。抽象分析很受重視，但沒有實驗科學之類的東西。要獲得博士學位，則要進行更多的特殊訓練。攻讀神學博士學位尤為艱苦。到中世紀末，要獲得巴黎大學神學博士學位，首先要花 8 年左右的時間攻讀神學碩士學位，此後要花 12～13 年攻讀博士課程。在這期間，學生不必不間斷地居住在學校裡，因而能在 40 歲之前獲得神學博士學位的人，可謂鳳毛麟角。不過實際上，大學的各級學位被視為達到成就的標準，是通往非學術職業的一個途徑。

中世紀大學的學生生活往往十分簡陋。由於一般要在 12～15 歲之間開始大學學業，所以許多學生是不成熟的少年。此外，所有大學學生都認為自己構成一個獨立的、有特權的社會，從而與當地城市居民的社會格格不入。由於後者想從學生身上獲得經濟上的好處，而學生自然而然地愛吵鬧，因此「城鎮」（town）和「穿長袍的大學師生」（gown）之間常常發生衝突，有時還發生激戰。不過，大學的學業生活非常緊張，由於大學最強調權威的價值，又由於書籍一無例外地十分昂貴（用手寫在珍貴的羊皮紙上裝訂而成），因而學生要死記硬背的東西非常多。隨著學生所受訓導的加深，他們往往也被要求具備在正式公開辯論中爭論的技巧。高深的辯論練習非常複雜和抽象，有時也會延續數日。與中世紀大學生相關、最重要的一個事實是，在約 1250 年之後，大學生人數眾多。巴黎大學在 13 世紀

時，在校學生人數達 7,000 人，牛津大學在任一學年都大約有 2,000 名學生。這就意味著在歐洲男性之間，除農民和藝匠之外，至少有相當可觀的人接受過較低層級的教育。

對希臘和阿拉伯知識有所了解

隨著中世紀盛期在各個層次上受到教育的人數大大增加，學術品質也有了極大提升。這主要是由於中世紀歐洲人重新了解到希臘知識以及穆斯林所獲知識成就的吸引力。由於實際上沒有一位西歐人會希臘語或阿拉伯語，因而要了解使用這些語言寫成的著作，只能透過拉丁文譯本。但在西元 1140 年之前，此類著作的拉丁文譯本非常罕見。在 12 世紀中葉之前，亞里斯多德數量眾多的全部著作中，只有個別邏輯論文才有拉丁文譯本，但在 12 世紀中葉，突然出現翻譯熱潮，大量著作被翻譯，西歐人幾乎可以了解到古希臘人和阿拉伯人的所有科學知識。這些翻譯活動，發生於西班牙和西西里，因為居住在這裡的歐洲人與講阿拉伯語的人、或既懂拉丁文又懂阿拉伯文的猶太人比鄰而居，交往最密切，在翻譯過程中，可以求得他們的幫助。希臘著作首先是由更早的阿拉伯文譯本轉譯成拉丁文的，後來一些西方人設法學會了希臘文（方法往往是透過到講希臘語的地區旅行），他們又由希臘原文直接翻譯不少希臘著作。結果，到了 1260 年前後，我們現在所能見到的、亞里斯多德的幾

乎所有著作，都有了拉丁文譯本。諸如歐幾里得、加倫和托勒密這些重要的希臘科學思想家的代表作，也有了拉丁文譯本。只有希臘文學的里程碑式的著作和柏拉圖的著作，尚未被譯成拉丁文，因為這些著作沒有阿拉伯文譯本；它們雖有拜占庭抄本，但難以弄到。但是，除希臘人的思想外，西方學者也熟知所有伊斯蘭世界重要哲學家和科學家（諸如阿維森納和阿威羅伊）的成就。

西方科學和思辨思想的發展

1. 格羅斯泰斯特和培根

　　在掌握古希臘人和阿拉伯人的科學和思辨思想的精髓後，西方人得以據此有所建樹，並作出自己的進步，作為宇宙設計師的上帝。

　　在中世紀人看來，上帝是萬物之源，宇宙是一個著名的等級體系。由於人類靈魂不滅，既可能升入天堂，也可能因犯罪淪入地獄，這種進步以不同的方式顯現出來。在自然科學領域，西方人未遇到太多困難就可以在外來學術的基礎上有所建樹，因為這些外來學術與基督教的準則沒有太多矛盾。但在哲學領域，就產生一個重大問題：如何才能徹底協調希臘和阿拉伯思想與基督教信仰。13 世紀最先進的西方科學家，是英格蘭

人羅伯特・格羅斯泰斯特（約西元 1168～1253 年），他不僅是位偉大的思想家，而且身為林肯主教，他在公共生活中也很活躍。格羅斯泰斯特十分精通希臘文，曾把亞里斯多德的《倫理學》全部翻譯出來。更為重要的是，他在數學、天文學和光學方面作出了非常重要的理論性貢獻。他對彩虹作了複雜的科學解釋，同時指出透鏡的放大作用。格羅斯泰斯特最出類拔萃的弟子，是羅傑・培根（約 1214～1294 年），在今天，他比他的老師還要出名，因為他貌似預言了汽車和飛行機器的產生。實際上培根對機械並不感興趣，但他的確把格羅斯泰斯特在光學方面的研究，進一步深入下去，比如更進一步探討透鏡的種種特性、極快的光速，以及人類視力的特性等。格羅斯泰斯特、培根及其在牛津大學的某些信徒辯稱，建立在感覺證據之上的自然知識，比建立在抽象理性之上的知識更為可靠。就此而論，他們可以說是現代科學的先行者。但他們仍然具有一個重要缺陷，即他們沒有進行任何真正的科學實驗。

2. 經院哲學的含義

中世紀盛期希臘和阿拉伯哲學與基督教信仰的碰撞，這方面的結果，基本上就反映在經院哲學的產生上。關於「經院哲學」一詞，可以從不同的角度進行界定，同時人們也正是這樣處理的。就詞根而言，經院哲學指中世紀學校遵循的教學和學術方法。這就意味著它是非常系統化，也極其尊重權威的。不過

經院哲學不只是一種研究方法，它也是一種世界觀。就其本身而論，它教導人類透過自然方式，即透過經驗和推理所獲得的知識，與天啟傳授的知識是相容的。由於中世紀學者認為希臘人精於自然知識，而所有啟示都見於《聖經》，因而經院哲學就是讓古典哲學與基督教信仰協調一致的理論和實踐。

3. 皮埃爾・阿伯拉爾

為經院哲學鋪平道路，但其本人並不完全是經院哲學家最重要的思想家之一，他就是愛惹麻煩的皮埃爾・阿伯拉爾。阿伯拉爾在 12 世紀上半葉，在巴黎及其周圍很活躍。他可能是第一位立志以知識分子為職業（而不只是一位在一旁教書的教士或無意促進知識發展的教師）的西歐人。他在邏輯和哲學方面極富才能，在求學期間就令當時的專家（這些人出任他的老師真可謂時運不濟）相形見絀。別人如果具有如此高的才識，也許會韜光養晦，但阿伯拉爾不然，他在公共辯論中，以公開羞辱年長於他者為能事，因而樹敵甚眾。令事態複雜化的是，他在西元1118 年誘姦了 17 歲、才華橫溢的女孩埃洛伊絲，後者一直在私下聽他授課。埃洛伊絲懷有身孕後，阿伯拉爾娶她為妻，但兩人決定保守這個祕密，以免影響阿伯拉爾的事業。然而這激怒了埃洛伊絲的叔父，因為他認為阿伯拉爾計劃遺棄他的侄女，而他為了家族名譽進行報復，閹割了阿伯拉爾。阿伯拉爾遁為修士，他的敵人不久後就指控他為異端。阿伯拉爾仍安定不下

來，脾氣暴躁，感到隱修生活並未帶給他精神上的慰藉，在與兩個不同的隱修社團發生爭吵並斷絕關係後，他重新去過世俗生活，在 1132～1141 年間，一直在巴黎大學任教。這個時期是他事業的頂峰。但在 1141 年，他再次被指為異端（這一次指控者是非常有影響力的聖貝爾納），並受到宗教會議的譴責。不久之後，這位受到迫害的思想家宣布棄絕信仰。1142 年，他死於退隱處。

阿伯拉爾在一封名為《我的苦難經歷》的信函中，談到了其中的多次磨難。該書是西方自奧古斯丁的《懺悔錄》以來，最早的自傳之一。捧讀該書，人們的第一感覺是它極為反常地具有現代氣息，因為作者喋喋不休地自吹自擂，看來有悖中世紀基督徒的謙卑美德。

但實際上阿伯拉爾敘述他的磨難並不是為了自誇。相反，他的主要意圖，是從道德角度解釋他如何因「好色」而受到失去「犯罪」部分（即生殖器被閹割）的公正處罰，以及他在首次遭到譴責，出於知識的虛榮而焚毀自己著作所受到的懲處。由於阿伯拉爾在簡約地題為〈認識自己〉的倫理論文中，力促對人類的行為進行強烈的自省和分析，因而這種結論看來是最為明智的，即阿伯拉爾從未打算向人們倡導自我主義信條，反過來是12 世紀中，幾位主要試圖透過個人內省而探究人性的思想家之一。不無諷刺意義的是，這幾位思想家中有一位就是阿伯拉爾的敵人聖貝爾納。

4.《是與否》與經院哲學方法

　　阿伯拉爾對經院哲學發展作出的最大貢獻，展現在其《是與否》(*Sic et Non*) 和眾多具有獨到見解的神學著作上。在《是與否》一書中，阿伯拉爾輯錄了早期基督教教會的神父們對 150 個神學問題的正、反兩方說法，從而為經院哲學方法鋪平了道路。過去人們一直認為，自以為是的阿伯拉爾這麼做，是為了讓權威難堪，但事實恰恰相反。阿伯拉爾這麼做的真正意圖，是開始一種仔細鑽研的過程，據此就可以看出《聖經》這個最高權威是一貫正確的，最好的權威雖然表面上與此相悖，但實際上是一致的。後世經院哲學家按照他的研究方法研究神學：先提出根本性問題，然後把權威文獻上的答案一一羅列下來。阿伯拉爾本人在《是與否》中未作出任何結論，但他在其獨創性的神學著作中，的確開始這麼做了。在這些著作中，他認為要像對待科學那樣對待神學，對它盡可能全面地進行分析，並把自己極其善長的邏輯工具應用於神學研究中。他甚至毫不遲疑地用邏輯這個工具分析三位一體的奧祕，這是他遭到指責過頭之處之一。因而，阿伯拉爾是最早試圖使宗教與理性協調一致的人士之一；就這個特性而論，他是經院哲學看法的先驅。

5. 彼得・倫巴德的《四部語錄》(Sentences)

　　在阿伯拉爾死後，緊接著的兩個步驟，就為成熟經院哲學的出現鋪平了道路。其中之一是阿伯拉爾的學生義大利神學家

彼得‧倫巴德（西元 1100 ～ 1160 年）在西元 1155 ～ 1157 年編纂的《四部語錄》。該書嚴格按照重要性，把所有最根本性的神學問題都羅列出來，每個問題都由《聖經》和基督教權威中，引證出正反兩方的答案，隨後對每個問題發表意見。到了 13 世紀，彼得‧倫巴德的這部著作，成為一部標準讀本。一旦大學中有了正式的神學院，所有申請神學博士學位的人，都要研讀《四部語錄》，並作出評論，毫不令人奇怪，神學家們在撰寫著作中，也仿照其框架結構。這樣完整的經院哲學方法，就孕育出來了。

如前文所述，經院哲學發展的另一個重要步驟，是約在西元 1140 年之後，古典哲學重新被西方人所了解。阿伯拉爾本人或許非常願意吸取希臘人的思想，但由於當時已經譯成拉丁文的希臘著作寥若晨星，他無法做到這一點。然後，後世的神學家可以充分利用希臘人的知識，尤其是亞里斯多德的著作和阿拉伯人的注釋。到 1250 年左右，亞里斯多德在純哲學問題上，享有如日中天的權威地位，以致人們逕直用「哲學家」一詞來指代他。與此相應，13 世紀中葉的經院哲學家雖恪守彼得‧倫巴德的結構框架，但在考量純基督教神學權威之外，還考量到古希臘和阿拉伯的哲學權威。他們試圖透過這種方法，建構、了解整個宇宙的種種體系，把過去各自獨立的信仰領域和自然知識領域，最為充分地協調起來。

1. 聖多瑪斯・阿奎那

迄至那時，在這種嘗試中，成績最為卓著的是巴黎大學主要的經院派神學家聖多瑪斯・阿奎那（西元 1225～1274 年）。身為道明會的一名修士，聖多瑪斯終生堅持信仰可由理性加以衛護的這個原則。更重要的是，他認為自然知識和對上帝創世的研究，都是探究神學智慧的正當途徑，因為「自然」補充「神恩」。他這麼說的含意，是由於上帝創造了自然界，儘管其最高真理的最終確定，只能透過《聖經》超自然的啟示才能達到，人們可以透過其措詞接近上帝。聖多瑪斯・阿奎那深信人類理性和人類經驗的價值，深信自己有能力協調希臘哲學和基督教神學，因而是心境最安寧的聖徒。他在執教巴黎大學和其他地方的長期教學生涯中，極少耽溺於爭論，而是靜靜地撰寫自己兩部煌煌的神學——《反異教大全》（*Summa Contra Gentiles*，或譯為《駁異大全》）和《神學大全》（*Summa Theologica*）。他希望透過這兩部著作，把有關信仰的所有說法，都建立在最堅實的基礎上。

多數專家都認為聖多瑪斯僅差一丁點就可以實現這個極為雄心勃勃的目標。他這兩部恢宏的「大全」，編排極為有序，頗具思想深度，令人讚羨不已。他在書中承認有一些「信仰的奧祕」，諸如三位一體和道成肉身等教義，不是孤立無助的人類才智所能探究的；除此之外，他對所有神學問題，都以哲學方法進行探討。在這一點上，聖多瑪斯非常仰賴亞里斯多德的著

作，但他絕不僅僅「受到亞里斯多德的洗禮」，他把亞里斯多德學說完全置於基督教的基本原則之上，使它為後者服務，從而形成了自己獨具一格的哲學和神學體系。這個體系很大程度異於更早的聖奧古斯丁的基督教思想，對此學者們意見不一。不過有一點看來是沒有多少疑問的：聖多瑪斯·阿奎那更重視人類的理性；更重視人類在本世的生活；更重視人類參與自身救贖的能力。在他去世後不久，聖多瑪斯·阿奎那即被封為聖徒，因為他的思想、知識、成就，看起來無異於奇蹟。他的思想在今天仍具有影響力，因為它有助於人們恢復對理性和人類經驗的信心。從更為直接的角度來看，現代羅馬天主教會的哲學，被認為是根據聖多瑪斯主義的方法、信條和原則進行傳授的。

隨著聖多瑪斯·阿奎那在 13 世紀中葉所獲得的成就，西方中世紀的思想發展達到頂峰。西方中世紀文明的其他方面也臻於極盛，這並非偶然。在聖路易統治之下，法國正處於最富成果的和平進步時期，在巴黎大學正在形成其基本的組織形式，法國最偉大的一批哥德式大教堂正在興建中。一些景仰中世紀文化的人注意到這些成就，把 13 世紀稱為「最偉大的一百年」。當然，這種判斷帶有個人主觀的感情，許多人會反駁，說這個時期生活仍很艱辛，宗教正統的規定過於嚴厲，無法對這個逝去的時代極盡稱頌之能。然而，不論我們對此作出什麼判斷，匡正一些有關中世紀知識生活的錯誤印象，以此結束本部分，看來是明智的。

有關經院派思想家的一些錯誤印象

人們往往認為，中世紀思想家極其保守，但中世紀盛期的最偉大思想家，實際上都令人驚異地迅速接受新思想。身為虔誠的基督徒，他們不允許對其信仰原則表示懷疑，但在其他方面，他們樂於接受他們所能得到的、來自希臘人和阿拉伯人的一切知識。鑑於亞里斯多德的思想強調理性，並強調自然本質上是善的、具有目的感的，與西方人過去接受的觀念大相逕庭，因而經院哲學家迅速接受亞里斯多德學說，無異於一場哲學革命。另外一個錯誤的印象是，經院派思想家受到權威的很大限制。的確，他們比現代人更敬重權威，但聖多瑪斯·阿奎那這樣的經院哲學家，並不認為僅引經據典就足以解決爭論。倒不如說，權威被用來說明種種可能性，但隨後理性和經驗顯示出真理。最後，人們往往認為經院派思想家是「反人本主義的」，但現代學者日漸得出相反的結論。毋庸置疑，經院哲學家認為靈魂高於肉體，來世的得救高於現世的生活。但他們也頌揚人性的尊嚴，因為他們把人性視為上帝值得稱道的創造；同時他們相信自己和上帝之間有可能建立有效用的合作。此外，他們對人類理性的力量，有異乎尋常的信念，其程度可能比現今有過之而無不及。

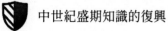

第一次農業革命

西元 1059 年之前的農業狀況

在近代工業化形成之前，農業勞動者 —— 即「荷鋤者」，透過其勞動，從物質上支撐著歐洲文明，他們的貢獻比其他任何階層更大。不過，雖然看起來令人目瞪口呆，但在西元 1050 年前，他們甚至連把鋤頭也沒有。卡洛林時代的農具清單顯示，就連在最富裕的農業莊園裡，金屬工具也極為罕見，甚至木製工具數量也不多，許多農業勞動者確確實實只能徒手與自然搏鬥。約 1050 ～ 1250 年間，一切都發生了變化。在這大致兩百年的時間裡，一場農業革命發生了，它完全改變了西歐農業的性質，並大大提升了農業的產量。

中世紀農業革命的先決條件

1. 農耕地區轉移

中世紀農業革命爆發的諸多先決條件，在 11 世紀中葉之前都已具備了。最重要的一個先決條件是歐洲文明的重心，由地中海移到北大西洋。自英格蘭南部到烏拉山脈、歐洲北部的大

部分地區，土地遼闊、溼潤，是非常肥沃的沖積平原。由於他們只統治這個地區的一部分，且這裡離羅馬文明的中心相去遙遠，又因他們沒有適宜的工具和制度去開發它們，因而羅馬人在這裡基本上無所作為。大致從卡洛林王朝時代開始，人們對拓殖並耕種這個廣袤的沖積平原較為在意了。卡洛林人開發了德意志（德國）的整個西部和中部，並開始嘗試使用更適於耕種這個新拓殖地區的工具和方法。這一切都對卡洛林人獲得其他成就產生促進的作用。但如前文所述，卡洛林時代的和平曇花一現，不可能產生任何長期的發展。在 10 世紀受外族入侵後，必須重新開始有系統地開墾北方潛在的財富，然而，只要西方文明以英格蘭、法國西北部、低地國家和德意志為中心，這片沃土就有可能得到耕種。

2. 氣候好轉

農業發展的另一個前提是氣候條件改善了。對以往幾百年間歐洲氣候類似的情況，我們所知遠遠不夠，但氣候史家不無道理地斷定，自西元 700 年左右，一直持續到 1200 年，西歐氣候條件有所好轉，出現了一個作物繁殖生長的「最適條件」。這不僅意味著在這幾百年間，平均氣溫有所提升（最多只上升了約攝氏 1 度），而且意味著氣候也更為乾燥一些。氣候乾燥對北歐最為有利，因為這裡的土地通常過於潮溼，不適於精耕細作，卻對南方的地中海地區不利，因為那裡本來就夠乾燥的了。在

各種前提下，這個最適條件的出現，有助於解釋為何在冰島之類的北方地帶，農耕活動比以後要多。（同樣，由於北方海洋中的冰山減少了，挪威人才得以到達格陵蘭和紐芬蘭，而格陵蘭那時或許不是完全被冰雪覆蓋。）雖然最適條件開始於 700 年左右，並在 9、10 兩個世紀一直存在，但它本身不能抵過 10 世紀外族入侵的有害影響。萬幸的是，在歐洲人能夠利用它時，氣候依然很適宜。

3. 技術與有利的條件相結合

以下將要討論的許多技術發明，它們在後來促使西歐人完成了其第一次農業革命。雖然最基本的新發明在西元 1050 年以前即為人所知，但它們都是在 1050 ～ 1200 年之間，及 1200 年左右，才得到廣泛使用，並逐漸臻於完善的，因為在那時各種最有利的條件才結合在一起。外族入侵銷聲匿跡，優良的氣候繼續存在，不僅如此，較為優良的政府漸漸提供了農業發展所必需、更為持久的和平。另外，地主更感興趣的是獲利而不是純粹的消費。首要的一點是，自約 1050 年到 1200 年，一個進步引起另一個進步，財富累積越多，用於投資的也越多。簡單來說，現在有能力進行技術發明了。

技術革新

1. 重犁

農業領域首當其衝的突破之一，就是重犁的使用。當然，耕犁古已有之，但羅馬人只知道一種輕便的「淺犁」，它只能犁開地表，而不能把地完全翻過來。這種農具對地中海地區的薄地完全足夠，但對歐洲北部更厚、更溼的土壤，實際上毫無用處。在中世紀早期，使用輕犁的農民不得不用腳踩犁以增加犁的重量。重犁的主要創新之處在於長犁板，它的功用是在犁鐏插進土壤後，把泥土翻轉過來。這個較重的犁，不僅可以犁翻更厚的土壤，而且犁上安裝了新的零件，可以翻耕壟溝，使土壤充分通氣。這種犁的好處不可估量，除了可以耕種先前拋荒的土地外，它耕出的犁溝為水澇地區提供了很好的排灌系統。另外它還節省勞力，羅馬淺犁須在田裡來回耕作兩次，重犁只須耕一次，卻更為徹底。簡而言之，如果沒有重犁，開發歐洲北部進行集約的農業生產以及隨後出現的一切，都是無法想像的。

2. 三田制

與重犁使用密切相關，作物輪作的三田制（三圃制）出現了。在近代之前，由於沒有足夠的肥料維持較為集約的農業生產，同時三葉草、苜蓿之類的固氮作物，基本上不為人所知，

因而，農民總是把其大片可耕地休耕一年，以免地力枯竭。不過羅馬人生產力極為低下，在任何年分都無力耕種過半的耕地。中世紀的革新之處在於引進了三田制，從而把休耕地減少到總耕地的三分之一。在一年中，三分之一的田地拋荒，三分之一的田地留給秋季種植、初夏收成的莊稼，三分之一的田地留給暮春下種、八九月分收成的新式作物——燕麥、大麥或豆子。三種地塊年年輪換，三年構成一個循環。重要的革新在於種植了生長期為整個夏季的新式作物，由於田地較為貧瘠，尤其因為過於乾燥，作物根本無法在夏季生長，因而羅馬人無法實行這個制度。就此而論，土地較溼潤的北方，顯然具有先天之利。種植新式作物的好處，在於它們不像小麥、黑麥之類的穀物那麼損耗地力（實際上，它們補充了穀物自土壤中帶走的氮）；此外，它們提供了新式食品。如果第三塊田地——即春耕地——種了燕麥，人和馬都可以此為食；如果種的是豆子，這種作物可以提供蛋白質，補充主要攝取穀物類碳水化合物之不足，從而平衡人的飲食。由於三田制還有助於在全年中分散勞動力，把產量由二分之一提高到三分之二，因而它無異於一個農業奇蹟。

3. 使用磨

第三項重要發明是磨的使用。羅馬人知道水磨的情況，但很少使用它們，一部分是因為他們擁有足夠的奴隸，對節省勞

力的裝置不屑一顧；另一部分是因為羅馬多數地區缺乏湍急的、適合安裝水磨的溪流。然而，自西元 1050 年左右開始，北歐出現了興建高效率水磨的熱潮。在法國的某個地區，11 世紀時有 14 座水磨，到 12 世紀提升到 60 座；在法國另一地，850 ～ 1080 年間興建了約 40 座水磨，1080 ～ 1125 年和 1125 ～ 1175 年間又分別建造了 40 座和 245 座。掌握建造水磨的複雜技術後，歐洲人就把注意力轉移到駕馭風力上。大約 1170 年，他們興建了歐洲第一座風磨。此後，在像荷蘭這種沒有湍急河流的地勢平坦地區，就像水磨在其他地區廣為傳播那樣，風磨在荷蘭迅速蔓延。雖然磨的主要用途是碾碎穀物，但不久之後，它們又被派作其他重要用途：比如用來拉鋸、加工布匹、榨油、釀製啤酒、為鐵匠爐提供動力以及搗碎紙漿……等。早在此之前，中國和伊斯蘭世界就已生產紙了，但它們從未用紙磨造紙，由此可證。與其他發達文明相比，西方技術達到了精密的程度。

4. 其他技術進步

我們還應該注意到在西元 1050 年左右其他重要的技術突破，其中一些讓馬匹得以用作耕畜。800 年左右，一種帶襯墊的馬軛首次被引入歐洲，這種馬軛讓馬可以在不窒息的情況下全力拉拖。大約一個世紀過後，保護馬蹄的鐵馬掌首次獲得使用，同時，或許在 1050 年前後，出現了縱列挽具，從而讓馬可

以前後縱列牽拉。由於這些技術進步，再加上實行三田制後，燕麥產量更大了，因而馬在歐洲某些地區取代牛成為耕畜，耕作效率更高，耕作時間更長。其他發明，還有手推車和耙。耙用來平整犁過的土地，並把種子摻入土中。比上述發明更重要的是鐵在中世紀盛期得到了更廣泛的使用，鐵能增加各種農具的強度，對重犁中與土地接觸的部分，至為關鍵。

可耕地的增加和集約化種植

迄今我們一直在敘述技術的發展，似乎它們是促成中世紀盛期農業革命的僅有因素。事實絕非如此。緊隨著技術進步而出現的是可耕地數量增加了，業已開墾的田地得到更為集約的種植。儘管卡洛林人已開始開發耕種西北歐肥沃的平原，但卡洛林時期農業拓殖地地圖顯示，無數小塊耕地孤立存在，四周是大片大片的森林、沼澤和荒地。清理土地運動開始於西元 1050 年前後，這個行動完全改變了歐洲北部的地理情況。首先，更大的和平和穩定，讓法國北部和德意志西部的農業勞動者得以越過拓殖地孤島，一點一點開墾土地。起初他們不聲不響地進行這種活動，因為他們實際上正在侵入貴族領主擁有的地塊。不久，領主也想從中獲得好處，就對開荒活動給予支持。此後，清除森林、排乾沼澤的活動進行得更為迅速了。就這樣，在整個 12 世紀過程中，卡洛林王朝時代孤島狀的小塊耕

地逐步擴大，彼此連結在一起。在此過程中，同時在此之後，依然存在，一些全新的地區得到拓殖和開墾，比如英格蘭北部、荷蘭，尤其是德意志東部地區。最後，在 12、13 世紀，農民開始更有效率、更為集約地耕種他們開墾出來的所有田地，以便為自己獲得更多的收入。他們先犁後耙，經常鋤草，又在其輪作年輪中額外進行翻耕，這些大大有助於地力的恢復。

所有這些變化的結果，就是農業產量大大增加了。開墾的土地越多，種植的作物顯然也就越多，而新的、更有效率的農作方法的引入，則進一步增加了產量。因此，播下一粒種子，由卡洛林時代最多收成二粒，提升到西元 1300 年左右的三或四粒。所有這些多餘的穀物，都可以比從前迅速的就地加工，因為一個磨一次可以加工的穀物，相當於 40 人的工作量。因而，歐洲人第一次開始仰賴定期的、穩定的食物供應過活。

農業革命的後果

這個事實反過來對歐洲歷史的進一步發展產生了最為深遠的後果。首先，這意味著更多土地可以用於生產穀物以外的用途。與此相應，隨著中世紀盛期的發展，農業有了更大的分工和專門化。大片地區用於養羊，其他地區生產葡萄釀酒，或者種植棉花和染料作物。這些新的專案所出產的產品，有不少是在當地消費的，但也有不少用於遠距離貿易，或用作新型工

業部門 —— 尤其是織布業 —— 的原料。如下文將會看到的那樣，商業和製造業的發展，促進了城市的產生，並為城市提供了支柱。農業的繁榮還從另一個方面促進了城市的生長，即人口因此劇增。由於食物增加、飲食改善（尤其是蛋白質的增加），人的預期壽命由卡洛林時代歐洲窮人的平均 30 歲左右，增加到中世紀盛期的 40 ～ 50 歲。人們身體更健康了，出生率也就提高了。由於這些原因，自約西元 1050 年～ 1300 年間，西方的人口增加了大約三倍。人口增加和更節省人力的裝置的使用，意味著無需所有人都待在農莊裡，一些人可以遷到新興的市鎮或城市，在那裡過一種新的生活。

其他後果

農業革命還有一些其他的結果。它增加了領主的收入，從而讓他們可以過更講究的貴族生活；君王的收入也有所增加，這為國家的成長，進一步奠定了物質基礎。歐洲的普遍繁榮還促進了教會的發展，從而為學校和知識事業的蓬勃發展鋪平了道路。最後一個更難以捉摸的結果是，歐洲人與其世界舞臺上的任何對手相比，顯然更為樂觀、更富有活力、更願意進行嘗試和冒險。

第一次農業革命

文學、藝術和音樂的蓬勃發展

中世紀的拉丁文學：遊蕩詩人的作品

中世紀盛期的文學與西方歷史上其他任何時期的文學一樣，形式繁多、充滿活力，讓人留下深刻的印象。主座學校和大學中文系研究的復興，導致產生了大批傑出的拉丁文詩歌。其中最好的例證是世俗抒情詩，尤其是由一群被稱為「歌利亞德」（放縱派吟遊詩人，Goliards）的遊蕩詩人，在 12 世紀撰寫的那些詩歌。我們不完全清楚這些詩人何以獲得這個稱號，但該詞的含義可能是指魔鬼的追隨者。這麼說應該是貼切的，因為遊蕩詩人是一些滑稽有趣的詩人，他們創作、模仿禮拜儀式的諷諭作品，詼諧地戲謔「福音」。他們在其詩作中歡呼四季變化之美，歌頌寬闊的大路上輕鬆愉快的生活，讚美飲酒博弈的愉悅，尤其是愛情的歡樂。創作這些歡鬧和諷刺歌曲的人，大多是居無定所的學生，雖然個別有些人年齡較長。而現今這些作者大都湮沒無聞。這些詩歌的重要性尤其在於它們具有強大的活力，在於它們是對基督教苦行理想發出的第一次明確的抗議。

方言文學的發展：史詩

除拉丁文外，法文、英文、德文、西班牙文和義大利文等地方方言，日益普遍地成為文學表達的媒介。起初方言文學大都以英雄史詩的形式寫成。最著名的有法國的〈羅蘭之歌〉、古北歐的史詩和英雄傳說，德意志的〈尼伯龍根之歌〉以及西班牙的〈熙德之歌〉。這些史詩實際上最初都創作於西元 1050～1150 年之間，但有些後來才以文字形式確定下來。它們向人們展現了充滿活力、但非常粗魯的騎士社會情況。鮮血流成了河，頭顱被戰斧砍削而去，史詩的主要題材是英勇的戰爭、榮譽和忠誠。婦女形象很少出現；如果出現的話，也總是處於男人從屬的地位。未婚妻要為其未婚夫捐軀，但丈夫可以隨意打妻子。在法國一部史詩中，一位王后試圖影響他的丈夫，卻被丈夫一拳打在鼻子上，血不停地流了下來，儘管如此，她仍然說：「多謝！如果你覺得高興，你還可以這麼做。」雖然這些段落令人作嘔，但我們不得不承認，方言史詩中的佳作非常具有樸實無華的文學力量。〈羅蘭之歌〉尤其如此，它雖然不夠成熟，但像一塊未經雕琢的璞玉，具有一種自然美。

行吟詩人的愛情詩歌與史詩相比，12 世紀法國的行吟詩人和宮廷傳奇故事的作家，在主題和風格方面，都進行了巨大的變革。這種變化幅度之大，進一步證實中世紀盛期的文化絕不保守。這些行吟詩人是宮廷詩人，他們來自法國南部，用一種

與法文相關的、被稱為普羅旺斯語的語言進行寫作。學者們對他們創作的靈感源自何處仍有爭論，但可以肯定的是，他們開創了一個對後世所有西方文學都具有深遠意義的運動。他們的風格比史詩要精練和雅緻許多，其抒情詩是要在音樂伴奏下，由人演唱的，最為生動流暢，他們引發了浪漫的愛情這個主題。行吟詩人把婦女理想化，視之為能夠賦予男人強烈精神和肉體滿足的奇妙尤物。不管這些詩人感到自己多麼偉大，他們都把這些歸因於他們由愛情中獲得的靈感。不過他們也認為，如果愛輕易地或者非常經常地能夠得到滿足，那麼它也就失去了其神奇的力量。因而，他們更常描寫追求愛情的過程，而不是愛的實現。

行吟詩人的其他詩歌

除創作愛情抒情詩外，行吟詩人還創作了其他體裁的短詩。有些詩非常淫穢。詩人們在這些詩中絲毫未提及愛情，而是沉溺於肉體的欲望念頭之中，比如把騎馬比擬為「騎」在女人身上。另一些詩歌頌武功，還有一些詩對同時代的政治事件作出評論，個別的詩甚而思考宗教問題。但不論主題為何，最好的行吟詩歌總是述事巧妙而富於創新。法國南部的行吟詩人（troubadour）所開創的文學傳統，被法國北部的吟遊詩人（trouveres）和德意志的宮廷抒情詩人（minnesingers）所繼承。後

來，西方各種語言的後世抒情詩人，把他們的許多創新進一步發揚光大。在 20 世紀，諸如艾茲拉・龐德（Ezra Pound）這樣的「現代主義作家」，曾有意識地恢復行吟詩人的某些詩歌技巧。

亞瑟王傳奇系列：克雷蒂安・德・特魯瓦

12 世紀法國一個同樣重要的創新，是創作了篇幅更長、稱為「傳奇故事」的敘事詩。它們是現代小說現在所能確定的鼻祖 —— 講述動人的故事，往往以刻劃人物特徵見長，主題通常是愛情和冒險。有些傳奇故事發揮古典希臘人的主題，但最著名和寫得最好的，是「亞瑟王傳奇」系列。這些傳奇取材於凱爾特人英雄亞瑟王及其眾多豪俠騎士傳奇性的成就。創作亞瑟王傳奇的第一位偉大作家，是法國北部詩人克雷蒂安・德・特魯瓦，他活躍於約西元 1165 ～ 1190 年之間。克雷蒂安在創立和構建傳奇故事的這種新形式方法居功甚偉，同時他在主題和創作態度方面也有所創新。如果說行吟詩人頌揚單相思和婚外私通，那麼克雷蒂安・德・特魯瓦最先提出在婚姻範圍內的浪漫愛情的理想。此外，他不僅描繪人物的行為，還描述他們的思想和情感。

戈特弗里德‧馮‧斯特拉斯堡

後來，德意志偉大詩人沃爾夫拉姆‧馮‧埃申巴赫（西元1170～1220年）和戈特弗里德‧馮‧斯特拉斯堡把克雷蒂安的工作發揚光大。這兩人被認為是18世紀之前用德語寫作的最偉大作家。沃爾夫拉姆的《帕齊瓦爾》敘述的是愛情和尋找聖盃的故事，它是但丁的《神曲》之外，中世紀盛期最精妙、複雜、眼界最開闊的一部作品。與克雷蒂安相似，沃爾夫拉姆也認為真正的愛情只有透過婚姻才能實現，同時在《帕齊瓦爾》中，人們可以看到主角的整個心理發展過程，這自古希臘以來，在西方文學中是第一次。戈特弗里德‧馮‧斯特拉斯堡的《特里斯坦》敘述了特里斯坦和伊瑟爾特之間毫無成功希望的婚外私通故事，調子較為壓抑。實際上，這部傳奇可以認為是現代悲劇傳奇體裁的原型。戈特弗里德是最早把個人磨難當主題，進行充分發掘並指出愉悅與苦痛之間難以劃分明確界線的作家之一。在他看來，愛情就是一種渴慕的過程，苦痛和無法得到滿足，是生活不可分割的一部分。與行吟詩人不同，他認為愛情只有在死時才能完全得以實現。由於19世紀德國作曲家理察‧華格納曾把它們改編成歌劇，因而《帕齊瓦爾》和《特里斯坦》在今天極為出名。

韻文故事

就形式或內容而言，並不是中世紀盛期的所有敘事故事都像傳奇故事那樣莊嚴、高貴。一種與此迥然不同的新敘事形式是故事詩（fablian）或韻文故事。雖然韻文故事起源於伊索的道德動物寓言故事，但它很快就演變成主要用於娛樂而不是說教的短篇故事。它們往往十分粗俗，有時用非常幽默和完全不浪漫的方式描述性關係。許多韻文故事還具有強烈的反教權主義特徵，以修士和教士為嘲弄對象。由於韻文故事十分「不雅」，過去人們曾認為它們完全是用新興城市階層的要求創作的。但現在人們幾乎肯定地認為，它們至少同樣也是為喜歡嘲弄教士的「高尚的」貴族而創作的。韻文故事的重要意義，在於它們反映了日益世俗化的社會趨向，是後來由薄伽丘和喬叟（Geoffrey Chaucer）進一步完善、堅定的現實主義的最早表述。

在形式上與韻文故事截然相反但同樣反映出日益世俗化傾向的，是枝蔓叢生的《玫瑰傳奇》。正如其名字本身所顯示的那樣，《玫瑰傳奇》起初是部傳奇故事，具體說來，在西元 1230 年左右，由溫文儒雅的法國作家洛里斯創作。但洛里斯未能完成這部非常華麗、浪漫的作品，而在 1270 年左右，由另一位法國人默恩最終完成。後者令作品的性質有了很大的改變，他在書中插入冗長的、尖銳的枝節內容，對宗教的虛偽予以譴責，並把生殖需求視為全書的主題。他用眾多詼諧但極其粗俗的形象

和隱喻，說明在人類繁衍中，產生促進作用的不是愛。在故事的高潮，主角獲得了他原本夢幻中的女士（在書中被比擬為玫瑰）並強姦了她。由於這部作品流傳極廣，看來有理由得出這樣的結論：那時的鑑賞力和現在一樣，是各式各樣的。

但丁

中世紀文學中最偉大的作品無疑當推但丁的《神曲》（*Divine Comedy*）。關於但丁‧阿利吉耶里（西元 1265 ～ 1321 年）的生平，我們所知不多，只知道他是佛羅倫斯一位律師的兒子，在早年積極參加故鄉佛羅倫斯的政治活動。雖然他從事政治且是一名俗人，但他設法充分掌握當時的宗教、哲學和文學知識。他不僅通曉《聖經》和早期教父的情況，而且 —— 這對一個俗人來說尤為非比尋常 —— 掌握了新近產生的經院派的神學理論。此外，他對維吉爾、西塞羅、撒路斯提烏斯及其他許多古典作家非常熟悉，同時熟諳行吟詩人的詩作和他所處時代的義大利詩歌。西元 1302 年，在一場政治動亂之後，他被逐出佛羅倫斯，不得不在流亡中度過餘生。他的代表作《神曲》就是在其一生的最後時期寫成的。

但丁的《神曲》是一部里程碑式的作品，用義大利鏗鏘有力的押韻韻文寫成，描述詩人在地獄、煉獄和天堂的歷程。作品一開始，但丁敘述他何以突然發現自己處在「黑暗的森林」之

中，暗喻他個人在人生中途面臨的深刻危機。他被羅馬詩人維吉爾領出這個絕望的森地，後者代表古典理性和哲學的頂峰。維吉爾引導但丁遊歷地獄和煉獄，此後但丁病故的情人、代表基督教智慧和天恩的比阿特麗斯接替維吉爾帶領但丁遊歷天堂。在遊歷過程中，但丁既遇到歷史人物，也遇到自己的同代人，他們都已在後世獲得一席之地；但丁還從他們以及嚮導那裡了解到他們為何會遇到不同的命運。隨著詩歌的展開，詩人本人擺脫了絕望的心境，變得聰慧，最終實現了自我救贖。

《神曲》

每一位讀者都會從這個煌煌鉅著中產生各不相同的驚嘆和滿足感。一些人 —— 尤其是那些懂義大利文的人 —— 為但丁的語言、想像力之豐富和別出心裁拍案叫絕。一些人驚嘆於作品精妙的複雜度和詩文之整齊；一些人為書中人物和單個故事刻劃之生動而折服；還有一些人被其高超的想像力所迷住。歷史學家感到特別引人注目的是，但丁竟能用在藝術上如此完美、如此無可挑剔的方式，完整總結中世紀最優秀的學術成果。但丁強調救贖屬於優先地位，但認為地球是為了人類的利益而存在的。他認為人類有擇善避惡的自由，並把希臘哲學認可為哲學的權威，比如，他把亞里斯多德稱為「最偉大的哲學大師」。尤其是他所懷有的希望，以及他對人性的最終信念 ——

對一位遭受失敗、被流放在外的人來說這尤為醒目 —— 最有力地表現出中世紀盛期居主導地位的精神狀態，使但丁成為有史以來，世間存在過的、僅有的兩、三位最激動人心的樂觀派作家之一。

中世紀的建築

1. 羅馬式風格

在建築方面，最接近與《神曲》媲美的，是中世紀盛期偉大的哥德式大教堂，不過在介紹哥德式建築風格之前，最好先介紹一下中世紀盛期的前身 —— 即所謂羅馬式的建築和藝術風格。羅馬式風格起源於 10 世紀，但在 11 世紀和 12 世紀前半期，教會改革運動導致許多新的修道院和大教堂形成。羅馬式風格主要是一種建築風格，它旨在教會建築中顯現出上帝的榮光，具體辦法是讓所有建築細部都從屬於一個統一的體系。在這個方面，羅馬式建築非常嚴肅，我們可以把它視為建築方面一首不加潤飾的讚美詩。除著重強調建築的系統性外，羅馬式風格的基本特徵是圓形的拱頂、厚實的石壁、粗大的角柱、窄小的窗戶以及普遍使用的水平線條。建築內部的簡樸單調時而因色彩鮮豔的鑲嵌畫或壁畫而有所緩解；同時，基督教藝術中一個非常重要的創新，是在建築內外都用雕塑作為裝飾。全身的人

類形象，首次出現在建築物的表面，這些雕塑通常規模龐大，遠比自然的比例還長，但它們具有很大的共鳴力，是人類重新對人物雕塑產生興趣的最早代表。

2. 哥德式風格的形成

在整個 12、13 世紀，羅馬式風格在歐洲各地大都被哥德式風格取而代之。雖然訓練有素的藝術史家能夠看出一種風格的某些特徵如何導致另一種風格的形成，但兩種風格的實際外觀是迥然不同的。事實上，這兩種建築風格的差別，看起來就像史詩與傳奇故事間的差別那麼大；這樣進行類比是很恰當的，因為就在傳奇故事產生之際，哥德式風格於 12 世紀中葉在法國出現了，還因為它遠比其前身精巧、優美、雅緻，恰如傳奇故事相形於史詩那樣。哥德式風格的迅速發展和被人承認，最後一次顯示 —— 如果還需要再次加以證明的話 —— 12 世紀是一個勇於試驗和充滿活力的世紀，其程度至少不亞於 20 世紀。聖但尼聖殿是紀念法國聖但尼的聖所和埋葬歷代法國國王的墓地，西元 1144 年，它被推倒，以在該地興建更大的、完全照哥德式風格興建的新教堂。此舉無異於美國總統下令推倒白宮而用路德維希·密斯·凡德羅或赫爾穆特·賈恩（Helmut Jahn）設計的大廈取而代之。這個舉動在今天是極不可能的，至少會激起軒然大波。但在 12 世紀，這個情況卻實際發生了，且輕而易舉地做到了。

哥德式風格的要素

哥德式建築是最複雜的建築風格之一。它的基本要素包括尖形的拱門、交叉肋狀的拱頂以及飛扶壁（Flying buttresses）。與羅馬式風格的圓形穹頂和附牆角柱相比，這種設計使建築可以變得更明亮、更輕巧。實際上，我們可以把哥德式大教堂描述為四周環以巨大窗戶的石製骨骼式框架結構。其他特徵還有高聳的尖頂、圓花窗、精巧的石製花式窗格、多重柱廊以及使用滴水獸或神話中怪獸的雕像作為裝飾。在最優秀的大教堂中，裝飾通常集中在外部。教堂內部除彩色玻璃窗戶以及木製品和聖壇上精美的雕刻外，相當簡單，偶或幾乎不加任何裝飾。然而哥德式教堂內部從不顯得壓抑或暗淡，彩色玻璃窗不是用來擋住光線，而是為了讓陽光更加燦爛，讓陽光的色彩更加奪目、和煦。自然光線即使在最明媚的時刻，也顯現不出這種光彩。

哥德式建築的意義

迄今許多人依然認為哥德式建築表現一種純粹苦行、專注於來世的思想，但這種猜測是非常不準確的。固然，所有的教堂都是用於表現上帝的榮光和生命永恆的希望，但哥德式教堂有時包含根本沒有明顯宗教意義的彩色玻璃布景。更為重要

的是，哥德式風格的作品更具自然主義風格的人物雕塑，如耶穌、聖母和聖徒的塑像，比迄至那時中世紀西方所創造的任何人物形象，都要更接近現實。表現動物和植物生活的雕塑也是如此，因為對人類和自然美感興趣，不再被認為是種罪過。另外，哥德式建築也是中世紀天賦才智的一個表現。每一座大教堂，連同大量象徵性的人物形象，都是一種供不識字的人了解刻在石頭上的中世紀知識百科全書。最後，哥德式大教堂是城市榮譽的象徵，它們一直座落在不斷發展的中世紀城市之中，既是集體生活的中心，又是一座城市偉大的象徵。在興建新教堂時，整個共同體中的人都參與進來，而正確地把它視為近乎自己的財產。許多哥德式教堂是城市之間競爭的產物，每一座城鎮都試圖蓋過鄰近的城鎮，興建更大、更高的建築；由於這種野心過大，以致超出了實際可能，結果許多教堂半途而廢。但是完工的教堂大多仍然很恢弘。人們懷著使之永恆存在的念頭興建教堂，這些教堂反過來成為這個時代旺盛生機的最醒目視覺表現。

戲劇的復興

在歸納中世紀盛期的種種成就時，人們往往會漏掉戲劇和音樂，但這種疏忽是令人遺憾的。我們現代的戲劇來自古典戲劇，至少也在同等程度上來自中世紀戲劇。在整個中世紀時

期，雖有一些拉丁文古典戲劇抄本為人所知，但從未上演過。反過來，戲劇也在教會內部以全新的方式重新出現。在中世紀初期，人們開始演出宗教禮儀的某些段落。隨後，在 12 世紀，主要是在巴黎，它們被拉丁文的短篇宗教戲劇所取代，並在教堂內上演。此後不久，仍然在 12 世紀的巴黎，方言戲劇補充或取代了拉丁文的短篇宗教劇，這樣所有會眾都可了解劇情。再後，約 1200 年左右，這些方言戲劇在教堂前面公開上演，這樣它們就不會影響教堂內的聖事了。此類事件出現後，戲劇便開始迅速進入日常世界：非宗教故事出現了，對主角的描寫增加了，為伊莉莎白時代的戲劇和莎士比亞（William Shakespeare）完全奠定了基礎。

中世紀音樂：複音音樂

如果說戲劇是由宗教禮儀發展而成，並隨後大大超出宗教禮儀的範圍，那麼西方音樂也完全是如此。在中世紀盛期之前，西方音樂一直是主音音樂，多數非西方音樂直至今日依然如此。所謂主音音樂，是指沒有任何協奏伴奏，一次只出現一種旋律。中世紀盛期的一大發明是複音音樂，即兩個或更多旋律同時奏出。早在 10 世紀時，西方人即在這方面進行了一些嘗試，但最重大的突破是西元 1170 年左右，出現於巴黎的大教堂，當時人們首次用「對位法」（counterpoint），用兩種不同的

旋律交織成兩種聲音來演唱彌撒曲。大致在同一時期，人們發明了記錄樂譜的方法，並加以完善，這樣就不必再靠記憶演奏了，且能演奏更複雜的音樂。西方音樂後來獲得的所有重大成就，都發源於這最初的幾步。

中世紀盛期的不朽成就

人們可能已經注意到，在學術、思想、文學、建築、戲劇和音樂各個方面，作出如此重大貢獻的人，有許多必定在中世紀盛期的巴黎。主要學者的名字被後人記住了，但其他人大都湮沒無聞，不過他們合在一起，為文明的發展做出了不亞於古雅典人的貢獻。即便他們的名字被人遺忘了，他們在許多不同方面的成就，至今依然存在。

思想、文學和藝術

人們或許會這樣猜測，中世紀後期西歐面臨的極度困難，應當使思想文化和藝術事業陷入衰退或停滯狀態。實際情況不然。這個時期在思想、文學和藝術領域，獲得了纍纍碩果。本節將暫不論述與義大利文藝復興早期歷史關係十分密切的某些發展，而集中探討中世紀後期西歐的其他某些重要的思想文化和藝術成就。

神學和哲學危機

在西元 1300 年左右之後，神學和哲學方面出現了信仰危機。這種懷疑並不涉及上帝及其超自然力量的存在問題，而是對人類是否有能力領會這種超自然力量，產生了懷疑。如果說聖多瑪斯·阿奎那和中世紀盛期的其他哲學家明確地界定「信仰奧祕」的數目，並認為除此之外，天上人間的一切事物都可被人徹底了解，那麼 14 世紀的洪水氾濫、霜凍、戰爭和瘟疫，則消除了人們對人類理解力的這種信心。一旦人類經過親身體驗，發現宇宙隨心所欲、難以預測，14 世紀的思想家們就開始懷疑天上人間還有遠非其學說所能解釋的東西。就這樣，人們開始對從前的神學和哲學觀念進行徹底的重估。

奧坎的威廉（William of Ockham/Occam）；唯名論

　　中世紀後期最重要的抽象思想家是英國方濟各會修士、奧坎的威廉，他生於西元 1285 年左右，死於 1349 年，顯然是因黑死病而亡故。從傳統上來說，方濟各會修士一直比聖多瑪斯這樣的道明會修士更懷疑人類理性理解超自然力量的能力，奧坎被他所在時代所發生的事件說服，他表述了這些看法：除經文的啟示外，他否認上帝的存在和其他眾多神學問題是可以被論證的，同時他強調上帝有隨心所欲做任何事情的自由和絕對權力。在知識領域上，奧坎敏銳的洞察力促使他尋求絕對的肯定性，而不是純粹的理論。在探究世間事務時，他形成了一種被稱為「唯名論」（nominalism）的立場，認為只有單個的事物——而不是集合的事物——才是實在的，因而不能透過一個事物來理解另一個事物。要了解椅子，就必須看到並觸碰它，而不是知道其他椅子為何物。此外，奧坎推定，詞只表示自身而不是實在之物，據此他提出了一個邏輯。這種邏輯可能無法很好地說明現實世界，但至少不能遭到拒斥，因為就像歐幾里得的幾何學那樣，它靠自己的術語，本質上就是有根據的。

奧坎思想的重要意義

奧坎的觀點在中世紀後期的大學中風行一時，廣為傳播；在今天人們往往認為它太過重視方法論，幾近枯燥無味，但其對西方思想的發展，產生了一些重要影響。奧坎對上帝可能做什麼的關注，致使他的追隨者提出了一些看起來荒謬、使中世紀神學受到嘲笑的問題，比如上帝是否可以消除過去，不計其數的、純粹的精靈，能否同時居住在同一地點（最近似的中世紀思想家實際上進而問到，在一個尖頂上能有多少個天使跳舞）。但不管怎樣，奧坎強調上帝的自主，這就致使人們強調上帝的無所不能，而成為 16 世紀新教教條的一個基本前提。另外，奧坎決心在人類知識領域找到確定性的東西，這最終使不借助超自然解釋來探討人類事務和自然科學成為可能 —— 這是現代科學方法最重要的基礎之一。最後，奧坎反對研究集合性的東西，以及拒絕把邏輯運用於現實，這促進了經驗主義，即世界上的知識是靠感覺經驗，而不是抽象推理而來的。這一點也是科學進步的前提。因而，14 世紀奧坎的一些追隨者，在物理學研究方面獲得重大進展，或許並非巧合。

中世紀後期文學中的自然主義

雖然奧坎在文學方面並未產生直接影響，但在中世紀後期的文學中，出現了與奧坎相似的、尋求可靠真理的傾向。中世紀後期文學主體的主要特徵是自然主義，即按照事物本來的樣子如實地描繪。這是由中世紀盛期的先例，比如克雷蒂安·德·特魯瓦、沃爾夫拉姆·馮·埃申巴赫以及但丁對人類行為探索的發展，而不是對它們作出的反應。具有識字能力的民眾人數穩步增加，進一步促使作家們免作哲學和神學，而是更加如實地描繪人類的所有力量以及缺陷，試圖以此取悅他們。中世紀晚期文學的另一大特徵，即主要用歐洲各地方言而不是拉丁文進行創作，同樣發端於中世紀盛期，但由於兩個不同的原因，在中世紀後期聲勢更猛。一個原因在於，各國間的緊張關係與敵對情緒，包括這個時代頻繁的戰爭和影響全體教皇制受到的種種考驗，致使人們渴望安定，需要一種自我認同的榮譽感，而反映在方言文學上。更重要的一點或許是俗人教育繼續得到普及，大大增加能夠閱讀某一方言的作品，而非拉丁文作品的民眾人數。因而，雖然在中世紀盛期，不少詩是用各地方言寫成的，但中世紀後期，在散文領域也普遍使用方言。進而言之，在西元 1300 年左右，剛開始培育自己方言文學的義大利和英國這些國家，隨後開始用本土方言創作出最為引人注目的文學作品。

薄伽丘

　　中世紀後期用本地方言進行散文創作的最偉大作家，是義大利人喬凡尼‧薄伽丘（西元 1313 ～ 1375 年）。雖然薄伽丘靠他的一些次要作品（包括典雅的浪漫小說、牧歌和學術論文）在文學史上也會占有重要的位置，但他迄今最引人注目的作品，是他西元 1348 ～ 1351 年間寫成的《十日談》。《十日談》匯集100 個故事而成，這些故事大都是關於愛情、性、冒險和巧妙的騙局；講述的故事被認為是一個不落俗套的小團體，包括七位少婦、三位男子，他們為了躲避黑死病浩劫，而躲到佛羅倫斯郊外一個鄉間別墅。這 100 個故事的情節雖然不是完全由薄伽丘構想出來的，但即便他從更早的作品中借用了故事的梗概，但他用自己獨特的、富於生氣、技巧嫻熟和極其詼諧的風格，重新敘述這些故事。從歷史觀點來看，說《十日談》是一部劃時代的作品，是有許多理由的。首先，它是西歐第一部用方言創作、用散文寫成、有強烈抱負的成功之作，富於創造性。說薄伽丘的散文是「現代」的，是指它輕快活潑，因為與中世紀創作文辭華麗的浪漫故事的作家不同，薄伽丘有意用一種單純、自然、口語化的方式寫作。簡單來說，在《十日談》中，他更感興趣的是質樸的趣味性，而不是「莊嚴」或優雅。從書的內容來看，薄伽丘希望按照人本來的面目 —— 而不是理想的面目 —— 加以描繪。因而，當他描寫教士時，他把他們描繪成與

凡人一樣，有七情六欲和缺點。在他的筆下，女人不是毫無生氣的玩物、與人疏遠的女神或堅貞的處女，而是實際存在的、具有智慧的、活生生的人。與西方文學過去出現的任何女性形象不同，這些女性怡然自得、自然大方地與男人交往。薄伽丘對性關係的描述往往是生動的、詼諧的，但絕不是低俗、趣味的。在他看來，不應壓制男人和女人的自然欲望。由於以上種種原因，我們說《十日談》是一部激賞人的各方面、健康的、為人帶來樂趣的作品。

喬叟（Geoffrey Chaucer）

在許多方面與薄伽丘相似，創作一種健康的、自然主義的方言文學作家，是英國人傑弗里‧喬叟（約西元 1340 ～ 1400年）。喬叟是第一位迄今尚可為人不怎麼費力就可讀懂的英國重要作家。值得注意的是，他既是偉大的英國文學傳統締造者，又是對這種傳統作出最偉大貢獻的四、五位作家之一：文學評論家大都把他排在第二位，僅次於莎士比亞，與米爾頓（John Milton）、華茲渥斯（William Wordsworth）和狄更斯（Charles Dickens）齊名。喬叟撰寫了一些極其引人注目的作品，但他的經典之作無疑當推《坎特柏立故事集》（*The Canterbury Tales*），該書撰寫於他的晚年。與《十日談》相似，它也是一部按照一個框架匯集而成的故事集，不過在這裡，喬叟是讓一群由倫敦到

坎特柏立朝聖的人講故事。

　　喬叟的故事用才華橫溢的韻文、而不是散文撰寫；講故事的人來自各個不同階層──騎士團的騎士、虔誠的大學生、鼻子上長有肉瘤且偷別人東西的磨坊主。書中還描繪了生動的婦女形象，最令人難忘的是那位知道「愛情所有靈丹妙藥」的牙齒不齊、結過多次婚的「巴恩之妻」。每一個人物講述一個尤其能說明他（或她）自己的職業和世界觀的故事。透過這種方式，喬叟得以創造出一個成分極複雜的「人間喜劇」。因而，他的面向比薄伽丘更廣──雖然他和這位義大利人一樣詼諧、直率和令人愉悅──但他有時更為深刻。

　　恰如自然主義是中世紀後期文學中的主要特徵，那麼中世紀後期的藝術也是如此。到了 13 世紀，哥德風格的雕刻家業已比其羅馬風格的前輩更為注意按照植物、動物和人類實際的形象如實描繪。如果說過去中世紀藝術強調抽象設計，那麼現在越來越強調現實主義。13 世紀的藝術家雕刻的葉子和花朵，可以清楚地辨認出來，人物雕像逐漸變得更合乎自然比例，面部表情也更加寫實。到西元 1290 年左右，人們對現實主義的關心已達到痴迷的地步，據說，一位雕刻家在雕刻德意志皇帝、哈布斯堡家族的魯道夫的基碑像時，因為聽說皇帝臉上新出現了一道皺紋，就匆匆趕回去看看魯道夫本人。

繪畫

在此後兩百年間，自然主義趨向不僅在雕刻領域繼續存在，且擴大到手稿彩飾和繪畫領域，後者在某些基本方面上是一門全新的藝術。自遠古的洞穴居民以來，繪畫一直繪在牆上，而牆當然是難於移動的。在中世紀和此後很長一段時間裡，壁畫藝術仍有所發展，尤其是出現了溼壁畫技巧（fresco），即在溼灰泥牆壁上作畫。但除了溼壁畫外，13 世紀時，義大利藝術家首先開始在木塊或帆布上繪畫。這些畫起初用蛋彩畫法（用顏料與水、天然樹膠或蛋白調合而成的水膠顏料畫法）完成，但在西元 1400 年左右，歐洲北部引入了用油彩作畫的方法。這些新技法的發展，為藝術提供了新的機會。現在藝術家們既可以為教堂在祭壇上描繪宗教場景，也可以繪製這種畫，供富有的俗人在家做祈禱。此外，藝術家們繪製出西方第一批肖像畫，意在滿足君子和貴族的自負感。現存最早的一幅自然主義風格的肖像畫，是法國國王好人約翰（約翰二世）的一幅畫像，作於 1360 年前後。其他人迅速仿效，在很短的時間內，人物肖像畫藝術就有了高度的發展。參觀藝術博物館的人會注意到，自 15 世紀以來各個時期的一些最具現實主義特點、最敏感的肖像畫。

喬托的自然主義風格

　　中世紀晚期最具開拓之功、最為重要的畫家，當推佛羅倫斯人喬托（約西元 1267 ～ 1337 年）。他雖沒有從事人物肖像創作，但他賦予在牆上和可移動的畫板上刻劃宗教人物。喬托是位卓越的自然主義者，即師法自然。不僅他描繪的人物和動物比其前輩更接近自然，而且他們看起來行為舉止也更合乎自然。「最後的審判」是其代表作品 —— 中世紀人關心的主要是靈魂的得救，在「最後的審判」中，善者將被選出來進入天堂，受到懲罰者則將被打入地獄。

　　一位想像力豐富的說書人曾說到，喬托在畫上畫了一個蒼蠅，一位觀眾竟以為這是活蒼蠅，伸手想把牠趕走。這個說法雖不足憑信，但喬托的確獲得更大的成就。具體而言，他是第一位意識到用純粹的三維空間構圖的人，一位藝術史家曾用這樣的話評論此事，即喬托的溼壁畫「首先在牆上開啟了一個洞」。喬托死後，義大利繪畫趨向有所逆轉，這或許是因為瘟疫的恐怖，致使人們對超自然力量產生新的尊重。不論原因何在，14 世紀中葉的藝術家，一度偏離了自然主義畫風，轉而繪製似乎飄浮在空中、板著面孔、令人生畏的宗教人物形象。但到了西元 1400 年，藝術家們重歸現實主義傾向，開始在喬托影響的基礎上有所建樹，最終導致偉大的義大利繪畫的復興。

法蘭德斯畫家

在歐洲北部，除手稿彩飾外，繪畫領域在 15 世紀初之前未有大的進展，但在 15 世紀初，它突然形成自己獨具特色的進步。北歐主要的畫家是法蘭德斯人，其中最重要的有范艾克兄弟（Hubert van Eyck，約西元 1390 ～ 1426 年；Jan van Eyck，約西元 1390 ～ 1441 年）、羅希爾·范德魏登（約西元 1400 ～ 1464 年）和漢斯·梅姆林（約西元 1430 ～ 1494 年）。范艾克兄弟過去一直被認為是油畫的發明者，雖然現在對此說有所爭論，但他們肯定是早期用油畫創作的最偉大畫家。油料的使用，使他們和 15 世紀法蘭德斯的其他畫家相比，得以用絢麗的色彩和強烈的現實主義風格進行創作。范艾克兄弟和羅希爾·范德魏登在兩個方面尤為出色：傳達一種深刻的宗教虔誠感、描繪人們熟知的日常經歷中，最細微的細節。這兩者初看起來是不相容的，但我們應當記住，那個時代講究實際的神祕主義，試圖把深刻的虔誠與日常現實結合起來。因而，一位法蘭德斯畫家在描繪仁慈的聖母和聖子時，以那個時代日常生活為遠景，描寫人們做著各自的事情，甚至包括一個人對著牆撒尿，這絕非褻瀆神靈。這種把神聖的與世俗的東西揉合在一起的情況，在梅姆林的作品中有相互分開的傾向，他擅長描繪純粹的宗教圖景或世俗肖像，但這種結合，後來又在低地國家最偉大的畫家布勒哲爾和林布蘭的畫中重新出現。

技術方面的種種進步

中世紀晚期的技術成就

1. 戰爭武器

　　不提到中世紀後期某些具有劃時代意義的技術進步，那麼對這個時期長久成就的敘述就算不上完整。令人悲哀但或許並非出人意料，在敘述這個主題時，首先要提到火炮和火器的發明。戰端頻繁刺激了新式武器的發展。火藥是中國發明的，但在中世紀後期的西方，首次用於特別具有毀滅性的目的。重炮在西元 1330 年左右首次得到使用，它們發出可怕的聲響，「似乎地獄中的所有死鬼都跑了出來」。最早的大炮極為原始，以致站在炮的後面，比站在炮的前面還要有生命之憂；但到了 15 世紀中葉，大炮的效能有了很大的改善，戰爭的性質開始發生革命性的變化。在那一年，1453 年，重炮在決定兩場至關重要的衝突結果中，發揮了主要作用：鄂圖曼土耳其人利用德意志和匈牙利的大炮，突破了君士坦丁堡的防線，而君士坦丁堡是此前最難攻破的歐洲城池；法國人利用重炮拿下了波爾多，藉此結束了百年戰爭。此後，大炮使反叛的貴族難以據守其石質結構的城堡，從而促進了民族君主制的鞏固。把它們安裝在船隻

上，大炮就使歐洲艦船在隨後的海外大擴張年代裡，主宰了外國水域。同樣發明於 1500 年之後的火槍，在此後逐步完善。1500 年之後不久，一種最具殺傷力的新式火槍，即滑膛槍炮，致使步兵一勞永逸地結束了從前身著重甲、騎著大馬的騎士所具有的軍事優勢。一旦手持長矛的騎兵過時了，戰爭就可更容易地進行，那些能夠召集最大規模的軍隊的君主制國家，完全制服了國內的反抗，主宰了歐洲的戰場。

2. 眼鏡和航海設施

中世紀後期的其他技術發展，更能改善人的生活。眼鏡最早發明於西元 1280 年代，在 14 世紀臻於完善。這些東西讓老年人能夠繼續看書，不然老眼昏花會妨礙他們。14 世紀的偉大學者佩脫拉克，年輕時以視力奇佳自詡，但在 60 歲後戴上了眼鏡，從而得以完成他一些最重要的作品。在 1300 年左右，由於使用了磁羅盤，船隻得以駛到遠離陸地的地方，冒險進入大西洋腹地。這方面造成的一個直接後果，就是開通了義大利和北方之間的直接海上貿易。隨後，在造船、地圖繪製和航海設施等方面出現的諸多改善，增強了歐洲人進行海外擴張的能力。14 世紀初期，歐洲人抵達亞速群島和維德角群島。此後，在經過由瘟疫和戰爭而出現的長期停頓後，1487 年歐洲人繞過非洲的好望角，1492 年發現西印度群島，1499 年由海路抵達印度，1500 年發現巴西。由於技術的進步，世界突然變得小多了。

3. 機械鐘

　　中世紀的歐洲人還發明一些我們現代日常生活中十分熟悉的東西，包括鐘和印刷書本。機械鐘發明於 1300 年前不久，此後迅速傳播開來。最早的鐘錶太過昂貴，非私人所能購買，但城鎮很快競相在其重要公共建築上安裝精巧的鐘。這些鐘不僅顯示時間，而且顯示太陽、月亮、星辰的軌跡，還產生機械報時的作用。這個新發明最終產生兩個深遠的影響。一是進一步刺激歐洲人對各種複雜機械的興趣。這種興趣早就隨著中世紀盛期磨坊的激增而產生，但鐘最終變得比磨坊還要普遍，因為約西元 1650 年後，鐘價十分低廉，實際上歐洲每個家庭中都有鐘了。家用鐘是奇妙機器的模型。不是更為重要，但至少具有同等意義的是，鐘開始讓歐洲的日常生活程序更為合理。在中世紀晚期鐘出現之前，時間是可以變通的。男男女女們對天有多晚只有大概的概念，多多少少按照太陽的升降作息。生活在農村中的人，隨著季節變換，以不同的進度從事不同的工作。即便可以計時，那也是按照一年中不同季節光的長度進行計算。然而在 14 世紀，鐘首先開始不論晝夜、每隔相等時間，就無情地報時。因而人們開始可以準確地安排工作。人們要「按時」上班和下班，許多人進而相信「時間就是金錢」。這種強調守時的行為，既帶來新的效率，但也引起新的緊張狀況。路易斯·卡羅作品中的兔子，就是被時間困擾的西方人；這個兔子總是盯著懷錶，自言自語：「太晚了，太晚了！」

4. 印刷術的發明

　　活字印刷術的發明同樣具有重要意義。促成這個發明的主要動力，是西元 1200 ～ 1400 年間用紙取代羊皮紙作為歐洲主要的書寫材料。羊皮紙用珍貴的農畜皮革做成，極其昂貴，由於從一個農畜身上只能取到四張優質羊皮紙，因而抄寫一部《聖經》就要宰殺 200 ～ 300 隻綿羊或小牛！紙用磨成漿的破布製成，成本和價格都比羊皮紙便宜得多。中世紀晚期的資料顯示，紙的價格僅為羊皮紙價格的六分之一。與此相應，學習讀、寫的費用也降低了。隨著越來越多人能讀書寫字，對價格更為低廉的紙張需求也就越來越大，而 1450 年前後，活字印刷術的發明完全滿足這個要求。透過大大節省勞力，這種發明在約 20 年間，就讓印刷書本的價格降為手抄書本的五分之一。

　　一旦書本不再是奇貨，識字的人就更多了，書本文化成為歐洲生活方式的一個基本面。大約西元 1500 年後，歐洲人有能力閱讀和購買各式各樣的書籍 —— 不僅有宗教小冊子，還有指導手冊、消遣性讀物；到了 18 世紀，又有了報紙。印刷術使思想的傳播變得迅速和可靠；此外，革命性的思想一旦印刷成幾百冊，不再能輕而易舉地被撲滅。因而，16 世紀最偉大的宗教改革家馬丁‧路德（Martin Luther），之所以能夠在德意志各地擁有一批追隨者，是因為他利用圖書印刷出版機構廣為散發他的小冊子。如果不是得益於印刷術，馬丁‧路德或許會像胡斯

（Jan Hus）那樣被處死。書籍的傳播還促進了文化上民族主義的發展。在印刷術發明之前，歐洲多數國家中，都有林林總總的方言，這些方言差別很大，往往就連說同一種語言的人，也幾乎無法互相交談。這種情況阻礙了政治的中央集權，因為一位王室僕從可能完全無法與各省居民進行交談。然而，印刷術發明後不久，歐洲各國都開始發展自己的語言標準，這種標準透過圖書，整齊劃一地傳播開來。「規範英語」是倫敦印刷物中使用的語言，它傳到了約克郡或威爾斯。因而，人們之間的交流更為便利了，政府工作也比過去更有效率。

在結束本章時，我們可以這麼說，鐘和書籍與大炮、遠洋船隻一樣，對西元 1500 年後歐洲在全球居主導地位，產生了促進作用。時鐘培育出的習慣，促使歐洲人高效率地工作，並準確地制定計畫；書籍的普及，大大增加了思想的交流和傳播。一旦習慣閱讀圖書，歐洲人在世界各民族中獨一無二地進行思想的交流和嘗試。因而，1500 年後，歐洲人得以把整個世界掌握在自己手裡，就毫不令人奇怪了。

電子書購買

爽讀 APP

國家圖書館出版品預行編目資料

盾與書卷，創造與征服的時代——歐亞中世紀史：波斯戰爭 × 十字軍東征 × 但丁《神曲》 × 拜占庭帝國文明 × 歐洲大學教育起源…… 奠基近代歷史的中世紀！ / 陳深名，林之滿，蕭楓 編著 . -- 第一版 . -- 臺北市：崧燁文化事業有限公司 , 2024.05

面； 公分

POD 版

ISBN 978-626-394-219-6(平裝)

1.CST: 中古史 2.CST: 世界史

712.3　　113004857

盾與書卷，創造與征服的時代——歐亞中世紀史：波斯戰爭 × 十字軍東征 × 但丁《神曲》 × 拜占庭帝國文明 × 歐洲大學教育起源…… 奠基近代歷史的中世紀！

臉書

編　　　著：陳深名，林之滿，蕭楓

發 行 人：黃振庭

出 版 者：崧燁文化事業有限公司

發 行 者：崧燁文化事業有限公司

E - m a i l：sonbookservice@gmail.com

粉 絲 頁：https://www.facebook.com/sonbookss/

網　　　址：https://sonbook.net/

地　　　址：台北市中正區重慶南路一段六十一號八樓 815 室

Rm. 815, 8F., No.61, Sec. 1, Chongqing S. Rd., Zhongzheng Dist., Taipei City 100, Taiwan

電　　　話：(02) 2370-3310　　傳　　　真：(02) 2388-1990

印　　　刷：京峯數位服務有限公司

律師顧問：廣華律師事務所 張珮琦律師

定　　　價：330 元

發行日期：2024 年 05 月第一版

◎本書以 POD 印製

Design Assets from Freepik.com